우리는 문제를
해결하는 사람들

우리는 문제를 해결하는 사람들

©윤아림

초판 1쇄 인쇄 2023년 5월 8일
초판 1쇄 발행 2023년 5월 15일

지은이 윤아림
펴낸이 박지혜

기획·편집 박지혜 **마케팅** 윤해승, 장동철, 윤두열, 양준철 **경영지원** 황지욱
디자인 김현우 **영문 인터뷰 번역** 유혜인
제작 삼조인쇄

펴낸곳 ㈜멀리깊이
출판등록 2020년 6월 1일 제406-2020-000057호
주소 03997 서울특별시 마포구 월드컵로20길 41-7, 1층
전자우편 murly@humancube.kr
편집 070-4234-3241 **마케팅** 02-2039-9463 **팩스** 02-2039-9460
인스타그램 @murly_books
페이스북 @murlybooks

ISBN 979-11-91439-30-4 03320

우리는 문제를
해결하는 사람들

샌디에이고에서
행복한 디자인을
만나다

멀리깊이

디자이너는 문제를 해결하는 사람들이다

사주에 물이 많아서 그런가, 반도에서 태어난 것도 모자라 태평양을 건너 샌디에이고라는 해안 도시에 자리를 잡게 된 지 어언 8년이 가까워온다. 10년도 훨씬 더 전의 어느 날, 내가 만든 이미지들이 마치 생명이 생긴 듯 움직이고 기능을 가지게 되어, 터치하는 대로 반응하는 것을 보았던 당시의 충격을 잊을 수가 없다. 그렇게 나는 손바닥만 한 작은 액정에서 벌어지던 깨알 같은 인터랙션들에 매료되었다.

만화를 좋아해서 그림을 그리다가 시각디자인과에 진학한 20대 초반에는 아마도 그래픽 디자이너나 일러스트레이터로 평생을 살아갈 것이라고 생각했다. 그러나 남들따라 취업 준비를 하던 중 알게 된 UI/UX라는 분야와 마침내 한국에 상륙한 아이폰은, 그야말로 새로운 세상에 눈을 뜨게 해주었다. 지난 10년 동안 내가 뛰어들었던 세계는 말도 안 되는 속도로 빠르게 변화하고 거대하게 성장해왔다. 그만큼 디자이너의 역할이 광범위해지고 디자이너라는 타이틀도 세분화되는 것을 보았다. 이번에도 사주의 물 덕분인지, 나는 운 좋게 이 거대한 변화의 파도를 탔고, 열심히 노를 저었다. 이 책은 그 높은 파도를 가르며 노를 저어온 날들의 항해 일지와 같다.

오래전 한국에서 프로젝트를 진행할 때 나는 디자인의 역할에 대해 많은 고민을 했다. 처음으로 발을 들인 시점에는 전공을 살려 심미성이 좋은 디자인을 선보이고 싶었다. 예쁘고 보기 좋은 디자인 말이다. 그러나 사용자의 존재를 자각하고 만나기 시작하면서, 더는 예쁜 디자인에 집착하지 않게 되었다. 사용자들의 불편을 개선하는 디자인을 선보일 때마다 쏟아지는 반응을 살펴보면서, 디자인이 지닌 심미성 이상의 역할을 고찰하게 되었다. 이 고민이 나를 더 큰 세계에 도전하게 만들었다. 그렇게 나는 실리콘밸리에 본사를 둔 테크 회사에 입성했다.

현재 내 정식 타이틀은 프로덕트 디자이너이다. 프로덕트 디자이너는 무슨 일을 할까? 예컨대 패션 디자이너나 북 디자이너처럼 딱 와닿는 어감이 아닌 것은 확실하다. 일반적으로 디자이너라고 하면 가만히 컴퓨터 앞에 앉아서 조용히 예쁜 화면을 만드는 사람으로 생각하기 쉬운데, 프로덕트 디자이너의 하루는 디자인 툴인 피그마Figma만큼이나 가상 회의 툴인 줌Zoom과 훨씬 밀착되어 있다. 그야말로 미팅에서 미팅으로 이어지는 하루의 연속이다. 기획과 디자인의 매 단계마다 여러 팀원과 질문을 주고받고, 사용자를 인터뷰하고, 의견을 나누고, 발표하고, 설득하는 일을 반복한다. 이 모든 의사소통 과정의 최대 목표는 가능한 한 빠르게 디자인 전략의 방향성을 바로잡고 팀원 모두가 만족하는 결정을 내리는 데 있다. 많은 팀원이 서로 다른 의견을 제시할 때, 질문할 때, 불만을 표출할 때, 나는 이 프로젝트를 책임지는 디자이너로서 각각의 질문에 대답하고, 의견을 조율해 결정을 내려야 할 때가 많다.

그럴 때마다 가장 중요한 잣대가 되어주는 것은 바로 '왜why'라는 물음이다. 우리는 왜 이 프로젝트를 진행하고 있는가? 우리가 어떤 문제를 해결해야 하는가? 이 문제가 어떻게 생겨났는가? 이 문제를 해결함으로써 사용자에게 어떤 가치를 제공할 수 있는가? 이 프로젝트로 인해 우리의 비즈니스는 얼마만큼의 이익을 창출할 수 있는가? 이 모든 물음 끝에 결정을 내리는 것이다. 끊임없이 질문을 던지는 과정을 통해 사용자가 당면한 문제를 파악하는 일. 사용자에 대한 공감을 바탕으로 문제를 정의하는 일. 수많은 해결책 중에서 가장 적합한 것으로 가짓수를 좁혀 나가고 검증해 나가는 일. 그리하여 사용자와 비즈니스에 이익과 가치를 제공하는 디자인을 서비스하는 일. 이 모든 일이 바로 내가 하고 있는 프로덕트 디자이너의 일이다. 작은 버튼의 색상을 바꾸는 정도로 간단한 일에서부터 수십 가지 스크린을 새롭게 개발하는 장대한 프로젝트에 이르기까지 프로덕트 디자이너를 거치지 않는 일은 없다. 한국에 있는 많은 기획자 친구들의 이야기를 들을 때마다 '아, 이들이 하는 일이 실리콘밸리의 프로덕트 디자이너와 크게 다르지 않구나' 하는 생각을 한 적이 있다. 실리콘밸리의 프로덕트 디자이너는 한국의 많은 개발자나 기획자와 일의 본질이 닮아 있다. 결국 우리는 모두 문제를 해결하는 사람들이다.

해외에 나와 보니 세상에는 정말 많은 능력자가 있고 똑똑한 디자이너들이 넘쳐난다. 한국에서 날아온 멋진 디자이너들이 실리콘밸리 곳곳에 자리 잡고 있는 모습도 흔하게 발견한다. 이 책은 읽는 분들을 실리콘밸리 최고의 디자이너로 만들어주는 마법서는 아니다. 하지만 결국 행복해지기 위해 미국으로 건너온 내가 디자이너로서 실패하고 부딪치며 배운 것들과 그 과정을 살펴볼 수 있는 책이다. 졸업 후 도대체 어떻게 해야 가치 있는 디자이너의 길을 걸을 수 있을지 고민하는 독자가 있다면(정확하게 10년 전 내가 했던 바로 그 고민이다), 의사결정의 말단에서 노예처럼 일만 하느라 앞으로의 길이 막막하게 느껴지는 신입 디자이너라면, UI/UX와 프로덕트 디자이너의 세계가 궁금한 독자라면, 이 책을 통해 여러분의 문제 해결에 한 발짝 더 다가갈 수 있기를 바란다. 용기를 내는 순간이야말로 문제를 해결하는 첫 번째 순간이다.

차례

5장. 평가 샌디에이고의 행복한 디자이너들

1장.

'좋아하던 일'이
'을이 하는 일'이 되다

한국에서 디자이너가 되는 순간
포기해야 하는 것들

디자인이 뭐예요?

그 시절 우리가 사랑했던 만화

"내 인생을 책으로 쓴다면 첫 문장은?"

내가 즐겨보는 TV프로그램인 〈유 퀴즈 온 더 블럭〉에서 게스트에게 자주 던지는 질문 중의 하나이다. 이에 대한 나의 답은 이렇다. 만사모. '만화를 사랑하는 모임'의 줄임말로, 내가 초등학교 4학년일 당시 '인싸'만이 가입할 수 있었던 그룹의 이름이다. 사실 나이가 들면서는 왠지 부끄러운 마음에 주위에는 '만두를 사랑하는 모임'이라고 소개해왔지만 사실 '만화를 사랑하는 모임'이야말로 내 이야기의 시작점이라고 할 수 있다. 서울 목동의 만 열 살짜리 어린이들이 모여 만든 이 모임에서부터 만화는 내 중학교, 고등학교 시절을 버틸 수 있게 해준 튼튼한 기둥이었다. 학창시절 내내 이 만사모 친구들과 동네 만화책방에서 살다시피 하며 수도 없는 만화책을 읽고, 의견을 나누며 만화를 그려왔기 때문에, 미술 쪽 진로를 찾게 된 건 어찌 보면 자연스러운 수순이었다. 이때가 내 인생에서 가장 열정적이었던 때가 아닌가 싶다. 치밀한 작전을 세워 완벽한 팀워크로 선생님 몰래 만화책을 돌려보는 데 성공하거나, 부모님과 선생님의 눈을 피해 그림을 그려댔다. 얼마나 많은 시간 학교와 학원에서 공부하는 척, 숙제하는 척하며 그림을 그렸던가. 사실 당시의 나는 그림을 좋아했다기보다는 잘생긴 남자 캐릭터, 예를 들면 안경을 벗으면 최고 미남으로 변하는 남학생 캐릭터 등을 그리는 것을 좋아했다. 그래서 새로운 주인공이 나오는 만화를 쉬지 않고 그렸다. 일정 분량의 만화를 그리고 나면 친구들과 돌려보며 서로의 작품에 대한 후기와 축전을 남겼다. 내 방은 이렇게 너덜너덜해진 노트로 가득했다.

내가 속한 프로덕트 디자인이라는 분야와 만화는 조금 상관 없어 보일지도 모른다. 그러나 만화는 오늘의 내가 만들어지기까지 나의 인생에 지대한 영향을 미쳤다. 어린 시절부터 수없이 읽어왔던 그 많은 만화책으로부터 나는 서로 다른 장르와 스토리가 텍스트를 대신해 어떻게 그림과 말풍선으로 흥미롭게 전개되는지를 배웠고, 다양한 화면 연출을 통해 2D 종이 매체에서의 스토리텔링 기법을 익혔다. 여러 작가의 그림 기법을 연구하며 수없이 끄적이면서 만화적·일러스트적 표현법을 내 것으로 만드는 훈련을 한 것 같다. 만화 페어에 참가해 디자인하고 제작한 상품을 소비자에게

프레젠테이션하고 판매했던 경험은 지금 생각해 보면 많은 부분이 현재 내 직업의 토대가 된 공부가 아니었을까, 이 말을 듣게 된다면 그 시절 제발 만화책 좀 그만 보고 공부하라시던 부모님이 비웃으시겠다.

점수 맞춰 들어간 시각디자인과

그렇게 내 학창시절을 지배했던 만화에 대한 열정은 한 차례 입시에 실패한 재수 시절을 거치며 조금씩 흐려졌고, 나는 여느 미대 수험생처럼 수능 공부와 실기 준비에 몰두해 있었다. 당시 내가 지원했던 대학의 실기시험 과제는 석고상과 정물 수채화였기 때문에 나는 그에 맞춰 입시를 준비했다. 그러나 막상 지원서를 제출하려는데, 문득 나는 학교에 들어가는 것만 생각했지, 어떤 과에 가고 싶은지는 진지하게 생각해본 적이 없다는 걸 깨달았다. 물론 지원할 과의 이름을 보면 어떤 학업 과정을 거칠지 대충 예상은 할 수 있었지만 진중한 고민은 물론이고, 애초에 내가 왜 미대에 진학하고 싶었던 것인지도 이미 중요하지 않은 질문이었다. 간단한 조사를 한 후 내가 결국 선택한 과는 시각디자인과였다. 시각디자이너가 된다는 것이 정확히 어떤 일을 하게 되는 것인지 알지 못했지만 운 좋게 점수가 맞았을 뿐만 아니라 학사 과정이 흥미롭고 졸업 후 다양한 진로가 있다는 점이 매력적으로 다가왔다. 인터넷으로 대충 검색만 조금 해보았을 뿐, 딱히 선배나 졸업생을 찾아 현실적이고 구체적인 조언을 구해본다거나 실제로 내가 무엇을 하고 싶은가에 대한 고찰은 전무했다.

막상 시각디자인과에 입학하자 뭘 해야 할지 알 수 없었지만, 당시 내게 중요한 건 그런 게 아니었다. 그 오랜 기간 입시와 실기를 준비하느라 압박감에 절어 있던 데 대한 보상이라도 받듯이 열심히 놀러 다니기 급급했다. 신입생 오리엔테이션이나 선후배 대면식 같은 좋은 건수(?)들도 있었거니와 유흥거리가 많았던 대학가 특성상 모처럼 주어진 자유를 만끽하는 것이 내 대학생활의 첫 목표였다. 그러면서 조형 실습이나 사진, 타이포그래피, 디자인 이론 등의 기초 필수 전공을 골고루 경험했다. 처음부터 굳건한 동기를 가지고 입학했거나 특정 분야에 경험을 가진 소수의 동기를 제외하고 나를 포함한 많은 학생이 기초 필수 전공을 통해 기본기를 키우는 동시에 내가 입학한 과가 이런 걸 공부하는 곳이구나 하나하나 깨우치기 시작했다. 그러면서 자연스레 내게 맞는 세부 전공은 무엇인지, 내가 흥미를 느끼는 분야는 무엇이고 졸업 후 어떤 진로를 선택할 것인지 알아갔다.

이 같은 학습에 소모임도 중요한 역할을 했다. 타이포그래피, 광고, 그래픽디자인, 사진, 만화, 영상 모임 등이 있었는데 당시 나의 관심은 만화에서 영상으로 옮겨가고 있었다. 인터넷의 발달로 해외 드라마나 광고, 뮤직비디오 등에 대한 접근이 쉬워지면서 양

질의 콘텐츠를 엄청나게 찾아보기 시작한 시절이었다. 그렇게 나는 영상 소모임에 들었다.

자연스레 영상을 만든다는 것이 상상 이상으로 고된 일이라는 것을 알게 되었다. 요즘에야 카메라와 오디오 성능이 뛰어난 스마트폰으로 비교적 쉽게 고퀄리티 영상을 찍을 수 있지만, 당시에는 비디오테이프가 돌아가는 캠코더부터(그렇다, 그때만 해도 우리는 DV라는 규격의 작은 비디오테이프를 구매해서 녹화를 진행했다) 음향장비와 조명 등 간단한 장면을 촬영하는 데도 준비해야 하는 장비가 아주 많았다. 기기 가격은 특히나 압도적이어서 렌즈나 전문가용 카메라 등 비싼 장비를 대여할 경우에는 혹시 분실하면 어쩌지 하는 아찔한 상상에 식은땀을 흘리기도 했다. 그러나 장비를 갖추는 일의 어려움은 제작하는 노동에 비할 일이 아니었다. 엄청 무거운 장비를 들고 엄청나게 걸어다니고, 엄청 기다리며 엄청 말하고, 엄청나게 밤을 샌다. 덥거나 추운 날에 촬영이 잡히면 그야말로 죽음이다. 한겨울 새벽에 손을 녹이려 탄 차를 흘렸는데, 물방울이 떨어지자마자 바로 얼어버리는 것을 본 적도 있다. 마침 이걸 본 강원도 최전선 오뚜기 부대 출신 동기가 군대 생활을 떠올렸다고 했다. 그래도 서로의 정수리 냄새에 익숙해질 때쯤 완성된 영상의 엔딩 크레딧을 보면 성취감에 모든 고통이 잊히곤 했다.

촬영이 끝나는 순간까지의 프로덕션이 끝나면 포스트 프로덕션이라는 길고 긴 편집과 렌더링의 밤을 보내야 했다. 나는 겨우 방학을 이용해 선배들의 졸업 작품을 돕거나 학생들이 만드는 비상업 작업에 참여했을 뿐이지만, 이런 노력과 고생이 지금까지도 뇌리에 남아 영화를 볼 때마다 해당 신scene의 벽이나 문 뒤에 쭈그리고 앉아 조용히 '컷!'이라는 외침을 기다리는 스텝들을 생각하게 된다.

'비하인드 더 신Behind the Scene'이라는 말이 있다. 무대 뒤에서 일어나는 일을 나타내는 표현으로, 관객들이 보는 한 장면을 위해 쉴 틈 없이 움직이는 스텝들이야말로 비하인드 신의 일부다. '비하인드 더 신'은 이후 내가 하는 모든 일의 베이스라인이 되었다. 특히 프로덕트 디자이너는 겨우 1~2초에 불과한 사용자 불편을 줄이기 위해 엄청난 고민과 실패와 재시도의 과정을 겪는다. 마치 영화의 비하인드 신과 다를 바가 없는 것이다.

결국 참지 못한 콧물과 교환학생이 될 결심

학년이 올라가고 여러 전공 수업을 듣기 시작하자 편집디자인 과정이 눈에 들어왔다. 대학에 입학할 때만 해도 편집디자인이 무엇인지조차 몰랐던 내가 대학물을 3년이나 먹고 나니 멋진 편집디자인 작업물을 동경하게 되고 비싼 해외 디자인 책을 사 모으기 시작했다. 그리하여 큰맘 먹고 들은 편집디자인 수업은 정말 만족스러웠다. 한 학기 동안 기획부터 취재, 디자인, 출판에 이르기까지 소식지 한 권을 펴내는 수업이었는데 재능 있는 팀원들과의 조화도 좋았고 특히 작업 후 출판 결과물을 직접 만져보는 기분은 말로 표현할 수 없이 뿌듯했다. 이전까지 했던 모든 과제나 작업 중 처음으로 '완성도'에 대해 진지하고 치열하게 고민한 수업이었다. 편집디자인이 처음으로 매력 있는 분야로 보였다. 그때부터였던가 나도 다른 선배들처럼 멋있게 유명 디자인 스튜디오에 들어가서 멋진 그래픽과 출판 작업을 하고 싶다는 욕구가 생겼다. 내게 디자인에 대한 욕심이 생기기 시작한 건 이때부터라고 기억한다.

이 시기를 기점으로 디자인을 정말 좋아하게 됐고, 열심히 해보고 싶은 마음도 분명했다. 그러나 편집디자인은 디자인만 잘한다고 해서 끝이 아니었다. 완벽에 가까운 꼼꼼함이 필수 자질인 편집디자인 계열은 태생이 덜렁이인 나와는 맞지 않았다. 그도 그럴 것이 오탈자 사고라도 나면 이를 수정하거나 재인쇄하는 과정에서 아주 큰 손해가 생길 수 있기 때문이다. 이를 피하기 위해 몇 번의 교정을 거치고 점검에 점검, 또 점검을 거치게 되는데 나에게는 이 과정이 상당한 스트레스였다. 휴학 중 유명 북디자인 스튜디오에서 아르바이트를 한 적이 있었는데, 원래 약속된 기간은 세 달 정도였지만 한 달 만에 잘리게 되었다. 책에 쓰긴 부끄럽지만 나는 그때 스튜디오에서 울다가 잘렸다. 한참 혼이 나고 자리로 돌아와 어떻게든 겨우 눈물을 참았지만 터져나오는 콧물만큼은 멈출 수가 없었다. 훌쩍이는 소리에 디자이너에게 불려 나가 그 길로 자유의 몸이 되었다. 그 한 달이라는 짧은 아르바이트 기간 동안 몸과 마음은 지쳤고 멘탈은 바스러졌다. 자존감도 바닥을 찍었다. 아침 마다 출근하는 게 너무 싫어서 눈을 뜨는 것 자체가 괴로웠다. 사흘 내내 잠을 못 자고 스튜디오 컴퓨터 앞에 앉아 일만 한 적도 있었다. 짧은 기간 내에 많은 실무 지식을 쌓을 수 있었던 경험이었지만 그 뒤로 출판 디자인이라면 아주 질려버렸다. 나는 진짜 뭐가 되려나 싶었다.

이쯤 되면 재학 중 거칠 수 있는 거의 모든 분야에 조금씩 발끝을 담가봤다고 할 수 있다. 어떤 분야도 내 미래를 책임져줄 것 같지 않았고, 나 또한 완전하고 꾸준하게 한 분야에 빠져들지 못했다. 딱 한 분야, 드로잉만 빼고. 흥미로워 보이는 다른 수업들에 순위가 밀렸던 그 유명한 회화과의 누드 드로잉 계절학기 수업을 신청했다. 드로잉 작업은 이전에 내가 들었던 수업들과는 매우 달랐다. 몽환적인 음악과 함께 쓸 수 있는 모든 재료를 사용하여 그림을 그렸고, 몇 초 단위 굉장히 빠른 호흡의 크로키부터 오랜 시간을 들이는 드로잉, 춤을 추며 움직이는 피사체 등 여러 드로잉을 해보았다. 중간 과제도 충격적이었는데, 각자의 누드 드로잉을 그려와 직접 고른 시와 함께 모두의 앞에서 발표하는 것이었다. 수업의 모든 순간이 정말 재미있었다. 이 과정에서 나는 깨달았다. 내가 왜 미대에 진학했는지. 나는 다른 것은 다 제쳐놓고서라도 그림 그리는 게 정말 좋았던 것이다. 그림을 그리다 보면 어릴 적부터 부모님과 선생님 몰래, 교과서와 문제집 구석구석 그림을 그리던 열정이, 친구들과 토론을 주고받으며 돌려보던 너덜너덜한 스프링 노트의 감각이 내 오른손에 생생히 되살아나는 듯했다. 이때부터 나는 대학 입학 후 그리지 않던 그림을 다시 그리기 시작했다. 그러면서 나는 일러스트레이터가 되는 것에 대해 진지하게 생각해보기 시작했다.

당시 나는 대학을 한 학기 휴학하고 교환학생을 준비 중이었다. 언젠가부터 막연히 해외에서 공부할 것이라는 생각을 해왔는데, 언제부터였는지는 기억이 나지 않는다. 하지만 재미로 봤던 사주에서는(재미라기엔 좀 많이 봤지만) 하나같이 해외에 나갈 팔자라고 하더라. 아마 그래서 나도 모르게 각인해버린 것인지도 모를 일이다. 그 각인 때문이었을까, 뜬금없지만 친구들끼리 한잔 나누던 3학년의 어느 날 밤, 이렇게 졸업해서는 안 될 것 같다는 생각이 문득 들었다. 그러고는 집에 와서 교환학생 정보를 알아보기 시작했고 휴학계를 제출했다. 휴학 중 교환학생에 지원하려면 토플 점수를 따야 했는데 남들은 한두 달이면 따는 점수를 따는 데 서너 달은 걸렸던 것 같다. 결국 필요했던 토플 점수를 받고, 이리저리 서류 준비도 끝내고, 끝내 교환학생 합격 통보를 받을 수 있었다. 외국에서 공부하는 경험이 내 미래를 어떻게 바꿀까? 설레는 마음으로 여러 수속을 마치며 출국 준비를 했다.

호주에서 만난 새로운 가능성

인간은 '다름'을 받아들일 때 성숙한다

호주로 교환학생을 다녀왔다고 하면, '호주? 거긴 왜?'라는 갸우뚱한 표정을 마주하게 된다. 사실은 나도 그랬다. 호주라고 하면 캥거루, 코알라 외에는 크게 아는 바가 없었다. 처음부터 호주 학교를 지원한 것은 아니었다. 당시 북유럽 디자인에 대한 궁금증 때문에 핀란드 헬싱키에 있는 대학을 지원하려 했다. 그런데 안타깝게도 핀란드대학에서는 떨어지고 차선책이었던 호주 학교로 갈 수 있었던 것이다. 마침 과 내에 몇몇 선배나 동기가 같은 학교에 교환학생으로 다녀오기도 했고 교환학생으로 해외에 나간다는 사실 자체가 정말 행복했기 때문에 어느 나라, 어느 학교로 가는지는 크게 의미를 두지 않았다. 이전까지 짧은 해외여행을 다녀온 적은 있어도, 혼자 온전히 외국에서 생활하는 일은 처음이었기 때문에 설레는 마음뿐이었다. 이때는 이 호주 생활이 내게 얼마나 큰 영향을 끼칠지 상상도 하지 못했다.

2010년 2월, 호주는 한국과 크게 시차가 나지 않지만 날씨는 정반대였다. 북반구에 위치한 한국은 추위가 한창일 때, 남반구에 있는 호주는 점점 따스해지고 있었다. 내가 교환학생으로 간 학교는 스윈번공과대학교Swinburne University of Technology로, 호주에서 두 번째로 큰 도시인 멜버른Melbourne에 자리 잡고 있다. 멜버른은 호주의 유럽이라고도 불리는 곳으로 오래된 유럽식 건물이 많이 남아 있기도 하고 세련된 멋쟁이들도 많은 아름다운 도시이다. 다행히 같은 곳으로 교환학생을 다녀온 친구의 도움을 받아 쉽게 집을 얻을 수 있었는데, 스윈번대학의 디자인학과 캠퍼스가 위치한 프라한Prahran이라는 동네에 있어서 캠퍼스까지 걸어가기에도 가까웠지만 그것마저도 귀찮으면 트램을 탈 수도 있어서 위치적으로는 정말 좋은 곳이었다. 게다가 멜버른에서 가장 힙하다는 채플Chapel 스트리트와 가까운 데다 안전하기도 해서 문화적으로도 이점이 많은 곳이었다. 또한 집으로부터 남쪽으로 15분 정도 트램을 타고 내려가면 세인트킬다St.Kilda라는 아름다운 해변이 나왔다. 가끔 야생 물개와 펭귄들이 뒤뚱거리며 지나다니는 이 작은 해변은, 입구에 괴상한 눈매를 한 괴물이 크게 입을 벌리고 있는 루나 파크 놀이공원과 함께 멜버른의 명물이었다. 반대로 집에서 북쪽으로 트램을 타면 야라Yarra 강을 중심으로 높은 건물과 멋진 박물관, 백화점 등의 주요 시설이 자리한 멜버른의 다운타운에 갈 수 있었다. 멜버른의 상징이라고도 할 수 있는 플린더스Flinders 역의 멋진 자태를 마주하며 여유로운 멜버른 시민들의 표정을 보고 있노라면 왜 이곳이 세계에서 가장 살기 좋은 도시 1위에 빛나는 도시인지를 자연스레 알 수 있었다.

사실 호주에서 학교생활이나 공부를 열심히 한 건 아니라고 고백한다. 일단 교환학생이었기 때문에 이곳에서 받은 학점이 한국 대학에 그대로 반영되는 것이 아니었고 패스 여부(Pass/Fail)로만 기록에 남기 때문에 중간 이상만 하면 졸업에 지장이 없었다. 그 때문인지 나는 페일Fail 딱지를 받지 않을 정도로만 설렁설렁 다니는 대신에 친구를 사귀고 노는 데 더 많은 시간을 썼다. 교환학생 오리엔테이션 첫날. 각 나라에서 온 학생들과 함께 호주의 문화나 역사, 학교 정보에 대해 배웠다. 그중 많은 수의 국제 학생이 내가 다니는 디자인 캠퍼스와는 거리가 떨어진 메인 캠퍼스에서 수업을 들었기 때문에 이들과 자주 마주칠 일이 없었다.

평소 사교성이 좋은 편이 아니었지만, 운 좋게도 맘이 맞는 친구들을 많이 만나 어울리게 되었다. 같은 학교에서 온 한국 친구들 대부분은 나와 같이 디자인 캠퍼스로 통학하며 친해질 수 있었고 타국살이의 외로움을 덜 수 있었다. 현지 친구들은 물론이고 내 또래의 룸메이트들과 같은 수업을 듣는 독일 친구들, 이 친구들의 룸메이트들이나 고국에서 방문한 연인 등 친구들의 수는 점점 불

호주는 내게 공부하기 좋은 곳이라기보단 그림 그리기 좋은 곳이었다

어 금세 큰 다문화 그룹이 되었다. 간간이 해외여행을 다니며 외국인 지인들을 사귄 적은 있었지만 이렇게 함께 어울리며 의미 있는 우정을 쌓은 경험은 처음이었다. 우리는 돌아가며 서로를 집으로 초대해 요리를 해먹었고, 학교에서나 도시에서 열리는 이벤트가 있으면 함께 참여했다. 함께 스포츠 경기를 보고, 여행도 다니며 추억을 쌓았다. 피부색, 국적, 언어, 자라온 문화는 모두 달랐지만 자연스럽게 통했다. 심지어 당시는 영어도 유창하지 않을 때였다. 더듬거리는 영어로 한국말을 전혀 모르는 이들과 의사소통을 하는 것이 왜인지 즐거웠다. 게다가 한잔 걸치면 신기하게도 말이 술술

1장. '좋아하던 일'이 '을이 하는 일'이 되다

나왔다. 이 과정에서 서로의 나라와 문화에 대해 배워가는 일이 너무 신났다. '다름'에 대해 처음으로 인식하는 계기이기도 했다. 한국에 있을 때는 알지 못했던 새로운 세계였다. 확실히 이때의 경험 이후 해외로 나가서도 어떻게든 즐겁게 잘살 수 있지 않을까 하는 자신감을 잠재의식 어딘가에 심어뒀으리라.

말 걸어주는 것 환영

이렇게 친구들과 어울리며 함께 여행도 다니면서 문화적으로도 인간적으로도 성장할 수 있었는데, 그중에서도 가장 눈에 띄는 변화는 성격이었다. 다소 내향적인 성격에 문제 일으키지 않으며 평범하게 살아온 나는 언제나 남들의 시선을 의식했다. 겉으로는 웃으면서 어울리면서도 마음속으로는 이 사람이 나를 싫어하거나 우습게 볼까 봐 두려웠다. 그러다 보니 어디에서 무얼 하든 항상 움츠러들어 있었다. 한국을 벗어나 만난 새로운 환경은 고맙게도 나의 이런 모습을 제대로 깨부숴주었다. 그곳에서 만나는 모두가 나와 처음 관계를 맺는 사람들이었다. 나를 알아보는 사람 없는 낯선 도시에서 도대체 눈치 볼 일이 어디 있단 말인가. 무엇보다 사람들은 내게 큰 관심이 없었다. 낯선 환경이 준 가르침인 셈이다.

이 새로운 환경에서, 어차피 시간도 많겠다, 나는 다시 펜을 들었다. 한국에서 드로잉 수업을 듣고 난 이후 그림에 목말라 있던 차였다. 시간이 날 때마다(사실 수업 중에도) 그림을 그렸다. 당시 키우던 강아지 까미와 하늘이가 너무 그리워 그 아이들을 그렸고, 바다를 그렸고, 내 얼굴을 그렸고, 아무 생각 없이 보던 잡지에 등장한 사물을 그렸고, 트램 역 건너편에 앉아 있는 이들을 그렸으며, 플린더스 역에 앉아 조용히 데이트를 하는 연인을 그렸다. 그림을 그릴 때마다 자유로워서 행복했다. 나는 스케치북과 그림 도구를 들고 큰 거리로 나와 길바닥에 털썩 앉아 그림을 그리기 시작했다. 한두 번 해 보니 조금 더 자신감이 생겨 아예 친구와 함께 영어로 "그냥 그림 그리고 있어요. 말 걸어 주시는 거 환영입니다"라는 팻말까지 놓고 그림을 그렸다. 한국이었으면 상상도 못했을 일이다. 역시 사람들은 나를 이상하게 보는 대신 내 그림에 관심을 가지고 대화를 시도했고 나도 그런 대화가 부담스럽지 않게 되었다. 이런 새로운 시도 끝에 점점 자신감이 생겼다. 이 글을 쓰기 위해 이때 찍었던 사진들을 하나씩 훑어봤는데, 처음 호주에 도착했을 때에 비해 내 얼굴 표정이 달라진 것을 발견했다(달고 맛있는 걸 많이 먹어서 얼굴이 동그래진 것은 둘째치고서라도). 더 생기 있고, 긴장이 풀린 행복한 표정이었다.

이때는 사실 진로 걱정 따위는 하나도 하지 않았다. 그저 낯선 환경을 즐기며 내가 하고 싶은 일을 할 뿐이었다. 그림을 통해 어떤 이야기를 전달하고 싶은지에 대한 진지한 고민 따위도 없었다. 진로나 취업 같은 복잡한 문제들은 제쳐두고 내 자유에만 집중

친구와 함께 '그냥 그림 그리고 있는' 나

했다. 만약 이때 무언가 진지한 고민을 가지고 그에 대해 파고드는 시간을 가졌다면, 지금의 나는 전혀 다른 모습으로 살고 있을지도 모르겠다. 지금 와서 돌이켜 보면, 사실 그림 실력이라는 게 디자인 능력과 비례하는 것은 전혀 아니며, 꼭 필요한 스킬도 아니다. 물론 기본적인 센스와 감각이 있다면 도움이 되겠지만 그림을 잘 그린다는 것 자체는 디자인 실력과 전혀 상관이 없어 보인다. 이미지를 통한 스토리텔링을 이해하는 능력을 키우는 정도로는 도움이 될 수도 있겠다. 그러나 지금의 직업인 프로덕트 디자이너는 일반적으로 '디자이너'라면 으레 가지고 있어야 한다고 생각하는 '비주얼' 디자인 실력조차 필요로 하지 않는 경우가 많았다. 내 주변에 있는 많은 프로덕트 디자이너들의 경우도 일반적인 아트나 디자인 백그라운드가 아닌, 엔지니어나 인지 과학 등의 경로로 디자이너가 된 경우도 많았다. 그러나 이 그림에 대한 열정이 10년 후, 당시에는 존재하지도 않던 이 생소하고 미스터리한 프로덕트 디자이너의 길로 이끌었다는 것은 아이러니한 일이다. 암튼, 몇 개월에 걸친 호주에서의 시간은 이후 내 인생의 방향을 바꾸는 계기가 되었다. 다양한 문화와 환경에 나를 노출시키고, 해외 생활에 대한 자신감을 키움으로써 한국 이외에 더 큰 세상도 내게 충분히 열려 있다는 사실을 깨달았던 것이다.

1장. '좋아하던 일'이 '을이 하는 일'이 되다

아이폰이 등장하다

UI/UX와 만나는 순간

그래도, 졸업은 현실이었다. 철없이 놀기만 하다가 2010년 4학년, 마지막 학기에 한국에 돌아와 보니 확실히 세상이 바뀌어 있었다. 이미 취업이 확정된 친구들도 있었고, 모두 토익이나 인적성 검사를 준비하기 바빴다. 뉴스에서는 매일같이 취업이 점점 어려워지고 있다는 앵커의 목소리가 흘러나왔다. 교환학생 준비를 위해 휴학계를 낼 때만 해도 취업이야 어떻게든 되겠지 하는 알량한 생각이었다. 그런데 잠깐 한국을 비운 사이에 공간을 채운 낯선 공기는 나를 매우 당황시켰다. 코앞으로 다가온 졸업전시를 챙기는 와중에 남들 다 하는 취뽀 행렬에 동참하기 위해 뒤늦게 각종 회사에서 요구하는 토익이나 인적성 점수 등을 만들어야 했다. 그래도 호주에서 혀를 굴려본 경험이 도움이 될 거라 생각했지만, 토익이라는 공부는 나의 막가파 영어와는 패턴이 달랐고 호주에서 인성이 망가질 대로 망가져서 온(반어법이다) 나는 인적성 검사도 제대로 패스할 수 없었다. 공부가 하기 싫었다. 취업도 하기 싫었다. 이때의 나는 여전히 그림 그리는 것이 좋았고, 프리랜서 일러스트레이터가 되고 싶었다. 졸업이 다가오자 부모님이 마음을 졸이기 시작했다. 주변 누구는 벌써 어디 취업에 성공했다는데 이 철 없는 딸은 프리랜서 일러스트레이터(한마디로 백수)를 하겠다며 돈 안 되는 아르바이트거리나 주워오고 앉아 있으니 조바심이 생기지 않을 수 없었을 것이다. 사실 나도 말은 프리랜서 일러스트레이터라고 했지만 '어떻게 클라이언트를 구해 돈을 벌지?'라는 생각에 걱정이 되는 건 어쩔 수 없었다.

마침 이때 한국에 들어온 신문물이 있었다. 바로 아이폰이었다. 나는 이때 이미 아이팟 터치라고 하던 셀룰러 기능이 없는 애플의 미디어 플레이어 기기를 가지고 있었다. 와이파이를 연결하면 애플리케이션을 다운로드 받아 마치 아이폰처럼 쓸 수 있었다(어차피 모쏠이었던 나는 전화 올 곳도 없어 셀룰러 기능은 필요하지 않았다. 잠시 눈물 좀…). 당시 한국에 뒤늦게 아이폰 시장이 열려 아이폰의 세상이 올 것이라는 전망도 많았지만 나는 개인적으로 아이팟 터치에 있던 여러 가지 기능들이 실제 생활에 별로 필요하다고 여기지 않았으므로 아이폰 열풍은 버블이라고 반박하곤 했다(이때 조용히 애플 주식을 샀어야 했다).

아이폰 열풍과 함께 또 여기저기서 들려오기 시작한 용어가 바로 UI/UX였다. 지금에야 너무 확고하고 당연한 분야지만 그때까지만 해도 이제 막 대중에 퍼지기 시작한 개념이었을 뿐, 웹디자인에 크게 흥미가 없던 나 역시 재학 중엔 거의 들어본 적 없는 용어였다. UI/UX라니, 뭔가 학문적으로 공부해야 할 것만 같고 벌써부터 졸음이 몰려오는 듯했지만 취업은 해야 하니 알아나 보자는 마음이었다. 인터넷을 뒤져 일주일 동안 진행하는 UI/UX 코스를 찾았다. 짧은 기간이었지만 한국식(?)으로 교과서에 줄 쳐가며 기본 개념을 배우고 팀원들과 쇼핑몰 경험을 디자인하는 프로젝트를 끝내고 나니 조금 흥미가 생겼다. 그 길로 'UI/UX 취업'을 검색한 뒤 가장 마음에 드는 디자인의 홈페이지를 소유한 회사를 찾아 인턴으로 지원했다. 그곳이 바로 내 첫 직장이었던 스타트업 위자드웍스였다.

　　어찌어찌 구한 첫 직장에서 나는 3년을 머물게 되었다. 나에게 잘 맞는 회사였다. 일반적으로 사람들이 스타트업을 떠올리면 상상할 수 있는 이미지처럼 젊고 자유로운 분위기였고, 마치 대학 생활의 연장 같았다. 워크숍마저도 친구들과 놀러가는 듯 재미있었고 가끔은 업무 중 전체 직원이 벚꽃놀이나 봄소풍을 가기도 했다. 수평적인 조직문화 덕분에 비슷한 나이 또래의 동료들과도 쉽게 친해질 수 있었고, 회사 위치도 홍대 앞이라 큰 스트레스 없이 즐겁게 일할 수 있었다.

평면의 세계가 주지 못하는 기쁨을 발견하다

인턴으로 시작한 나의 첫 업무는 간단한 스마트폰 게임이나 앱을 다달이 일정 수만큼 만들어 앱 마켓에 납품하는 일이었다. 부끄럽지만 이전까진 모바일은커녕 시각디자인의 기본인 웹디자인에조차 크게 관심이 없어 이 분야를 깊게 공부해본 적이 없었다. 나의 대학 시절 전공은 디지털보다는 출판 계열 중심이었기에, 디지털 화면용 디자인을 시작하려니 화면 비율부터 아이콘 제작, 레이아웃, 컬러, 폰트 등 모든 것이 내가 쌓아온 경험과는 판이하게 달랐다(심지어 나는 이때 피처폰을 쓰고 있었다. 입사 후에도 1년 반이 지난 2012년 말이 되어서야 스마트폰 세계에 입성했다). 당시는 아이폰의 수입과 동시에 갤럭시가 출시되면서 스마트폰이 이제 막 대중에 알려지기 시작한 시기였다. 지금과는 다르게 모바일 디자인에 대한 자료도 쉽게 찾아볼 수 없을 때였다. 아직도 기억나는 내 첫 시안은 모바일 화면의 디자인이라기보다는 조악한 잡지 편집디자인에 가까웠다. 잡지 구성을 따른 평면적인 레이아웃의 가독성이나 비주얼은 가뜩이나 스큐어모피즘Skeuomorphism[○]이 트렌드이던 시기의 작은 핸드폰 화면에서는 금물이었다. 당연히 이 시안은 반려되었다. 하지만 내가 정말 운이 좋았던 건, 스마트폰 붐이 일기 시작하던 비교적 이른 시기에 모바일 디자인 분야에 뛰어들었다

[○] 실감나는 시각적 효과를 중시하여 대상의 질감을 보이는 그대로 구현하는 것에 중점을 두는 디자인 기법

당시 웹 시장이 요구하던 디자인이 왼쪽의 고양이라면,
내가 할 수 있던 디자인은 오른쪽 고양이의 모습이었다.

는 것이다. 또한 단순하지만 많은 양을 압도적으로 양산해내던 초창기 스마트폰 게임과 앱들을 만들면서 자연스레 모바일 디자인에 대한 감각을 익히는 훈련을 할 수 있었다는 것이다.

디자인이라는 좁은 우물 안에서만 자라온 나로서는 처음으로 다른 분야의 전문가들과 함께 일하는 법을 배우게 된 계기이기도 했다. 제품을 만들며 기획자, 디자이너, 개발자들이 모여 회의를 통해 서비스를 기획하고 이를 제작하는 과정에서 각자가 가진 전문 지식을 가지고 다른 방식으로 생각하며 다른 관점을 한 제품에 녹여 넣는 과정이 굉장히 새로웠다. 예를 들어 디자인 툴에서는 간단해 보였던 작업이 실제 코드에서는 아주 복잡하게 얽혀 있어 풀기가 쉽지 않은 경우가 있었고, 디자이너의 의견과 다른 직군의 의견이 충돌할 때에는 서로의 이해관계가 다르기 때문에 소통을 통해 이를 잘 조율할 수도 있어야 했다.

앱을 만들며 배워 나가는 초반에는 일이 크게 어렵지 않았다. 많은 것이 처음이었지만 초반에 내가 주로 맡았던 프로젝트 대부분이 게임이나 정보 전달 앱과 같이 이미지를 많이 보여주는 작업들이었기에 평소에 그림을 그려왔던 나는 비교적 빠르게 적응할 수 있었다. 오히려 지금까지 그렸던 평면 그림에서 느끼지 못한 감동을 느꼈다. 내가 만들고 그린 캐릭터나 버튼 요소를 터치할 때마다, 이들이 제대로 동작할 때마다, 각 기능이 반응하는 것을 보는 희열과 감동은 이전까지 해왔던 작업에서는 느낄 수 없는 것이었다. 한 번은 재밌는 아이디어가 떠올라 동료 두 명과 나흘 만에 뚝딱 앱을 제작해서 스토어에 내놓은 적이 있다. 대단한 작품은 아니었어도 나는 이 작업을 계기로 이 일에 진심으로 빠져들게 되었다. 간단한 알람 시계 앱이었는데, 동그란 지구 위에 지구를 정복하려는 UFO와 이를 피해 도망가는 인간, 그리고 작은 별을 각각 시침, 분침, 초침으로 설정했다. 시침, 분침, 초침이 한데 겹치면 작은 이벤트가 일어나게끔 설계했고, 나름 음악도 재생할 수 있었다. 지금 보면 좀 촌스러워도 내 멋대로 만들었기에 더 재밌고 각별히 애정이 가는 작업이었다. 이 분야가 더 궁금해졌고 이런 작업을 더 해보고 싶었다. 누가 시키지도 않았는데 이렇게까지 푹 빠져서 일한 적은 참 오랜만이었다. 특히 일러스트레이터의 꿈을 버리지 않았던 나로서는 이런 인터랙티브한 요소를 더한 스토리텔링이야말로 내가 앞으로 가야 할 길이라는 생각이 머릿속에 자리 잡기 시작했다.

제품과 함께 성장하는 경험

뭐니 뭐니 해도 가장 이 일에 빠져들 수 있었던 이유는 사용자라는 존재였다. 제품을 출시하면 좋든 싫든 사용자의 반응이 나타나기 마련이다. 아주 간단한 작품을 처음 내놓았을 때도, 일 년을 넘게 정성을 쏟은 제품을 내놓을 때도 이런 설레는 마음은 항상 똑같았다. 물론 칭찬과 용기가 나는 피드백만 있는 것은 아니었다. 앞뒤 없는 악평을 볼 때도 많았는데 그런 날은 하루 종일 심장이 벌렁거리기도 했다. 그러나 대부분 굉장히 건설적인 피드백이었다. 그렇다. 사용자들은 시간이 지날수록 마치 오랜 친구 같은 존재가 되었다. 우리의 제품을 응원해주고, 가감 없이 제품을 평가해주는, 어떻게 하면 발전할 수 있을지 거침없이 피드백을 주는 이들이었다. 애플 스토어, 안드로이드 플레이스토어를 비롯해 트위터, 네이버, 구글 등을 다니며 구석구석 우리 제품의 반응을 검색하다 보면 엄청난 인사이트가 쌓였다. 실제 사용자들의 진짜 경험에서 나온 반응이기 때문이었다.

사용자들이 우리가 디자인한 대로 사용하지 않고 각기 처한 상황 속에서 다른 방식으로 상호작용을 할 때 우리가 차마 생각지 못했던 오류를 일으키기도 했다. 어떤 때엔 예상도 못했던 기능이 필요하다는 것을 발견하고 엄청난 아이디어를 떠올리기도 했다. 스타트업 회사인 만큼 몇 없는 직원들이 직접 나서서 반응을 검색하고, 답글을 올리며 사용자가 우리 제품에 바라는 점을 업데이트 리스트에 노트해 나갔다. 이렇게 사용자와 소통하며 제품을 발전시켜 나가는 과정이 아주 즐거웠다.

당시 회사의 메인 프로덕트는 클라우드 서비스를 기반으로 한 노트였는데 론칭 전 제품 개발을 담당했던 디자이너가 퇴사하고 내가 로고부터 제품 출시 이후의 많은 업데이트를 도맡아 진행하게 되었다. 이 작업물이 바로 한때 국민 메모장이라 불리던 '솜노트'였다. 솜노트는 여러 가지 측면에서 매우 획기적이었다. 솜노트에서 작성한 메모를 카카오톡으로 전송할 수 있었고, 당시로써는 전무했던 스케치북 기능을 통해 만화 같은 포커스 기능 등을 사용할 수 있었다. 사용자의 취향대로 디자인을 바꿀 수 있는 테마 기능과 심지어 사용자가 직접 스킨을 제작할 수 있는 기능까지 차례로 제공했다. 이런 기능들을 출시할 때마다 받는 사용자의 피드백은 무엇보다 값진 보답이었다. 지금 보기에는 리서치나 디자인 프로세스 등에서 부족한 부분이 많았지만 타사의 서비스와 비교할 때 디자인이라는 관점에서 큰 공을 들인 인정할 만한 제품이었다. 작은 스타트업에서 소수의 직원 모두가 친구처럼 똘똘 뭉쳐 도전하던 시간이었기에 이 과정이 정말 재미있었고 일하는 동안 행복했다. 사실 제품 자체뿐만 아니라 제품의 광고는 물론이고 나아가 소프트웨어 제품과 연계한 하드웨어 파생상품의 기획과 패키지까지 모두 커버하고 있었는데 1~2년 차에 이런 큰 프로젝트를 리드할 수 있었던 것은 정말 접하기 어려운 소중한 경험이자 기회였다.

3년간 솜노트를 창조하고 개선해가는 과정에서 개발자와 마케터 등 다른 직무의 전문가, 무엇보다 소비자와 소통할 수 있었고, 이 과정을 통해 진짜 디자인이란 무엇인가를 고민하기 시작했다. 사용자와 제품에 대한 소통을 시작하자, 학교에서 배웠던 디자인 이론에서 느끼지 못했던 생명력을 느꼈다. 기술이 그래픽에 운동성을 부여하고, 그래픽이 기능을 갖게 되면서 새로운 이야기가 되는, 이 과정은 전통적인 일방향적 미디어가 가진 기존 한계를 뛰어넘는 가능성을 보여주었다. 나는 솜노트와 함께 성장했다고 해도 과언이 아니다. 클라우드 기반 서비스였던 솜노트로 인해 안드로이드, iOS, 웹 등 여러 개발 환경을 다루며 전문성을 키웠고, 디자인적으로도 브랜드 아이덴티티에 대한 전략을 세우고 UI 디자인과 연계한 시각적 메시지를 명확히 하는 법을 학습했다. 제작 과정은 나에게 큰 도전이었지만, 함께 일하는 직원들과 토론하고 논의하며 제품을 계속 발전시켰다. 솜노트는 다른 유틸리티 제품과 차별화된 디자인이라는 평가를 받았고 당시 유틸리티 앱으로서는 괄목할 만한 결과였던 100만 다운로드를 기록하며 사랑받는 앱이 되었다. 2012년 스마트콘텐츠 어워드와 대한민국 모바일앱 어워드 테크상을 수상했으며, 2013년에는 대한민국 모바일 앱 최초로 웨비 어워드The Webby Awards를 수상했다.

이후 대대적인 리뉴얼도 진행하게 되었다. 전체적인 인터렉션이나 구조는 그대로 살리되 앱의 UI 그래픽을 업데이트하는 작업이었다. 당시 내가 했던 고민은 아래와 같다.

- 어떻게 해야 사용자들이 노트 텍스트를 쉽게 읽으면서도 심미성이 뛰어나다고 느낄까?

- 과연 디자인의 변화만으로 사용자가 앱을 가볍고 빠르다고 느낄 수 있을까?

- 디자인이 앱의 로딩 속도에 영향을 미칠 수 있지 않을까?

- 핸드폰 액정 크기가 점점 커지는 경향 속에서, 최소한의 노력으로 자동 적용이 되는 디자인이 있지 않을까?

- 사용자들이 '자신만의 노트'를 만들고 있다고 느끼며 더욱 자신을 잘 표현할 수 있게 도우려면 어떻게 해야 할까?

이런 고민의 끝에 내가 주도적으로 진행한 디자인 리뉴얼과 기능을 2.0이라는 이름으로 선보이자, 트래픽은 두 배로 뛰었다. 동시에 SNS 등에 디자인 업데이트에 대한 호평이 이어졌고, 이를 확인한 날은 마음이 두근거려 잠을 설치기도 했다. 무엇보다 이 과정을 통해 엄청난 책임감을 경험했고, 자신감과 열정을 가지게 되

이름	솜노트	A노트	E노트	C노트
국가	한국	미국	미국	한국
가격	무료	유료(3.99달러)	무료	무료
장점	여성에 특화된 한국형 노트 앱 스킨 등 아기자기한 꾸미기 가능	최초 노트 앱 워드프로세스 수준의 노트 편집이 가능	세계 최고·최대 노트 앱 N스크린 대응	안드로이드용 노트 사용자 친화형 앱

표 2012년 당시 출시된 클라우드 소셜 노트 비교

었다.

좋은 디자이너가 좋은 스타트업을 만나면, 서로에게 엄청난 시너지가 된다. 이런 이유로 스타트업 입사를 고민하는 신입 디자이너가 있다면 한번 시도해보라고 권유하고 싶다. 혹시 아는가? 당신과 회사 모두가 급성장하며 엄청난 제품을 내놓고 업계의 떠오르는 스타가 될지 말이다. 더불어 미래의 신입 디자이너와 함께 배움과 경험을 나누는 좋은 선배가 될 수 있을지도! 일단 입사한 후에 조금이라도 이상한 회사라는 낌새가 느껴진다면, 당장 짐 싸서 나오기 바란다. 나와 맞지 않는 회사를 빠르게 알아차리고 과감하게 사표를 제출하는 경험까지도 멀리 보는 관점에서는 큰 배움이 될 수 있다. 당장은 실패라는 생각이 들더라도, 얼른 다음 나아갈 방향을 찾고 훌훌 털어버리면 그만이다.

드디어 찾아온 현타,
언제까지 이렇게 일할 수 있을까?

스타트업의 29.2%만 살아남는 이유

"스타트업은 힘든 순간이 많아요. 그때 버틸 수 있게 하는 유일한 힘은 좋아하는 일을 하고 있다는 것이죠."

2020년에 방영된 드라마 〈스타트업〉에 나온 대사다. 다행히 넷플릭스에서 방영이 되어 미국에 있던 나도 이 드라마를 챙겨볼 수 있었다. 그렇다. 나와 우리는 분명히 좋아하는 일을 하고 있었지만 현실은 현실일 수밖에 없었다. 스타트업에 힘든 순간이 많은 건 사실이다. 29.2%. 2019년 대한민국 중소벤처기업부가 조사한 우리나라 창업기업의 5년 차 생존율이라 한다. 스타트업은 태생적으로 큰 규모의 기업에 비해 자금이나 인력이 달리기 마련이다. 기능을 추가하는 등의 업데이트를 위해서는 개발 인력이 필요하고, 인력을 구하기 위해선 자금이 필요하다. 유료로 제품을 내놓는 경우도 있지만 많은 경우 무료 제품에 광고를 수주해 이익을 얻는다. 혹은 안정적으로 자금을 확보하기 위해 국가 지원 사업이나 외주 프로젝트에 공모하기도 하는데, 이를 위해 하고 싶은 일을 하는 데 제한이 생긴다. 성장 가능성이 높은 아이디어와 멋진 제품임에도 유의미한 수익을 얻을 정도로 성장하지 못했다면 벤처캐피털 등에서 투자를 받을 수 있다. 자금력이 좋은 더 큰 회사에 인수합병이 되기도 한다(이 경우 스타트업이 진행하던 프로젝트가 강제 종료되는 상황을 맞을 수 있다). 스타트업의 경영진이 기업을 운영할 만한 자원을 충당하기 위해 이런 다양한 방법으로 생존하는 30%의 스타트업에 속하게 된다면, 스타트업의 구성원들은 걱정 없이 다음 단계인 좋은 제품을 만드는 일에 집중할 수 있을 것이다. 하지만 이에 차질이 생긴다면 회사의 메인 인력 리소스, 즉 당장의 월세를 걱정해야 하는 우리 직원들의 다음 단계는 '다른 좋아하는 일'을 찾는 일이 될 수 있다.

결국 나에게도 '그때'가 왔다. 나는 우리 제품에 큰 애정을 가지고 있었지만 당시 내가 받던 급여는 내 커피값, 통신비, 그리고 멍멍이 간식값을 충당하기에는 충분치 않았다(다행히 부모님 집에 얹혀살았기에 잔소리 듣는 것으로 월세를 지불했다). 그렇더라도 솜노트를 계속 지켜나가고 싶다는 열망을 잠재울 수는 없었다. 나는 회사에 붙어 있으면서 나의 커피값, 통신비, 멍멍이 간식값을 조달할 수 있는 일을 추가로 찾아보기로 했다. 내가 돈을 벌 수 있는 다른 일이 뭐가 있을까 생각해봤더니 그래, 나는 그림을 그릴 수 있었고 심지어 그림 그리기를 정말 좋아했다. 낮에는 일하고 저녁에는 그림을 그리면 가능할 것 같았다.

감사히도 내 그림을 아끼던 분들이 직접 일을 주거나 좋은 일거리를 소개해주었다. 덕분에 책의 본문 삽화부터 간단한 표지, 디자인 상품에 들어가는 일러스트레이션 등을 작업할 기회가 생겼다. 몇 번 하다 보니 점점 자신감도 생겼다. 거의 한 평생 그림을 그려온 나는 그림을 그리는 일 자체에는 어려움을 겪지 않았다. 사실 곤란한 부분은 따로 있었다. 내가 그리고 싶은 그림을 그리는 게 아닌 클라이언트가 필요로 하는, 돈을 받기 위한 그림을 그리다 보니 몇 번이나 작업이 엎어지거나 기왕 그린 그림을 재작업하기 일쑤였다. 이런 일이 몇 번이나 반복되자 진짜 내가 그리고 싶은 그림을 그리는 것이 어려워졌다. 일을 따오면 떨어지는 요청에 맞는 그림은 잘 그렸지만, 그다지 재미는 없었다. 그렇지만 적어도 그림을 그리면서 멍멍이들 간식값을 벌 수 있으니 다행이긴 했다.

좋아하는 일과 좋아한다는 것을 이용당하는 일

'이대로는 안 되겠다'는 결단의 때가 왔다. 나는 사업자등록증을 내고 더 벌이가 좋은 사이드 프로젝트들을 찾기 시작했다. 회사라는 지붕 아래에서 일하는 인하우스 디자이너와는 달리, 프리랜서로 일한다는 것은 비가 오면 내리는 비를 그대로 맞아야 한다는 것을 뜻했다. 태풍이 불면, 역시 그대로 맞아야 했다. 세상에는 좋은 클라이언트가 많지만 반대로 상식의 기준 자체가 매우 다른 사람도 많다. 그리고 프리랜서라면, 이 상식 이하의 플레이어들과 홀로 싸워야 한다. 한 번은 일을 맡긴 클라이언트가 지급해야 할 돈을 주지 않고 지급 날짜를 차일피일 미루다가는 이내 내 연락마저 무시하고 잠수를 타버렸다. 아이러니하게도 그 회사는 사회적 기업이라는 명목으로 구청의 지원을 받는 회사였고 결국 참다못한 내가 구청에 전화를 걸어 신고를 한 며칠 후에야, 약속된 돈을 보내며 내게 다시 구청에 잘 말해달라고 부탁을 한 일도 있었다.

계약서를 잘못 써서 엄청 고생한 적도 있었다. 푼돈을 받고 간단한 웹사이트 디자인을 해주기로 계약하고 작업하는데 콘셉트를 몇 번이나 뜯어고친 후 일이 커지고 커지게 되어 어느새 약속한 웹사이트 디자인을 훌쩍 넘어 로고부터 캐릭터를 포함한 서비스 자체를 디자인해주고 있었다. 프리랜서 계약직으로 디자인 일을 맡을 때에는 일의 경계와 분량, 추가 정산, 예를 들어 시간당, 시안당, 페이지당 지급 항목을 확실하게 못 박았어야 했는데 그러지 못하고 뭉뚱그려 웹사이트 디자인이란 애매한 계약을 해버린 것이다. 세상을 잘 몰랐던 미숙한 나는 뻔뻔하게 들이닥치는 무리한 요구에 속수무책 내 시간과 건강, 행복을 반납하며 일할 수밖에 없었다. 결국 이 작업은 파국으로 끝났다. 계약금 이후 몇 달 동안 추가로 받은 금액이 없는 채로, 결국 서비스를 론칭까지 했음에도 일은 끝나기는커녕 점점 불어나기만 했다. 불어나는 일거리를 나 혼자 감당하기 힘들었다. 파일을 모두 넘기고 이제 그만두겠다고 하자 내가 일하는 회사로 찾아온다느니 법적으로 대응하겠다느니 온갖 협박과 고함과 욕설을 퍼부었다. 결국 돈은 물론이고 어떤 성취나 의미도 없이 상처만 안은 채로 이 일을 그만두었다. 더는 프리랜서 일도 지긋지긋했다. 사업자등록증도 폐지해버렸다.

내가 못할 게 뭐 있어?

이쯤 되니 정말 지쳤다. 일뿐만 아니라 사람에도 지쳤다. 나는 행복하고 싶었고 어디에든 도움을 구하고 싶었다. 누구에게 조언을 구해야 할까? 나와 같은 길을 걷는 선배가 어디에 없을까? 머릿속에 많은 질문이 오갔다. 이 시기, 힘들었던 건 나뿐만이 아닌 듯 싶었다. 비슷한 시기에 함께 졸업한 사회 초년생 동기들도 마찬가지로 각자의 앞길을 헤치느라 여념이 없었다. 나처럼 신생 스타트업에 종사하는 친구, 용기 있게 프리랜서 일러스트레이터의 길로 나아간 친구, 대학 시절 선망의 대상이었던 디자인 에이전시에서 일하는 친구, 대기업에서 일하는 친구 등 같은 출발점에서 시작했지만 어느새 각자의 길을 개척하며 살아가고 있었다.

사회 초년생 시기에는 누구든 힘들지 않을까. 누구 하나 할 것 없이 무거운 고민을 짊어지고 있었다. 불투명한 미래를 고민했고, 고정적이지 않은 수입을 고민했고, 갑의 갑질에 고민했고, 자기 시간이라고는 하나도 없는 야근의 연속에 고민하며, 상사의 윽박질에 고민하는 모두였다. 3년, 5년, 10년 뒤의 내 모습을 대입하고 영감을 받을 수 있을 만한 그 나이대의 '행복한' 여성 멘토가 당시 IT업계에 많지 않았다.

'좋아하는 일'의 의미도 점점 퇴색되어 갔다. 작업에 대한 애정은 식지 않았고 함께 일하는 팀과도 여전히 즐거웠지만 일의 성과는 예전 같지 않았다. 수익을 창출해야 했기에 유료 서비스를 시작했고, 무료 서비스에는 광고를 붙이기 시작했다. 인지도와 사용자 접점을 높이기 위해 큰 플랫폼과 협업을 시작했지만 플랫폼에 기댈수록 플랫폼의 요구조건들을 우선시해야 했으므로 '내가 좋아서 하던 일'이 '을이라서 하는 일'이 되는 지경에 이르렀다.

그 와중에 어느새 스마트폰이 우리 생활에 없어서는 안 될 생활양식 그 자체로 자리 잡았다. 전무후무한 인기를 누렸던 애니팡 게임은 모두의 스마트폰을 하트로 물들였고 문자 대신 카카오톡으로 안부를 주고받은 지 이미 오래인 시기로 접어들었다. 아이폰이든, 안드로이드 폰이든, 새로운 시도를 한 멋진 앱들이 넘쳐났고 언제든 이를 다운로드 받아 플레이할 수 있었다. 당시나 지금이나 한국은 네이버나 카카오를 필두로 한 국산 앱들이 스마트폰을 점령하고 있었지만 구글이나 트위터, 인스타그램 등 실리콘밸리를 기점으로 한 북미 소프트웨어 회사들도 점점 한국 시장에서의 영향력을 키워가기 시작했다. 같은 시기 실리콘밸리에서 테크크런치 디스럽트TechCrunch Disrupt라는 대형 기술 행사가 열렸다. 우리 회사도 여기 참가하느라 몇몇 동료가 캘리포니아에 다녀왔는데, 그들이 기념품 삼아 가지고 온 작은 안드로이드 인형이 내게 기묘한 느낌을 주었다. 실리콘밸리. 이런 곳에서 일한다는 것은 어떤 의미일까? 거기 일하는 사람들의 하루는 어떻게 흘러가고 거기에서 일한다면 어떤 일을 하게 되는 걸까? 그곳에선 어떤 디자인을 하는 걸까? 어떤 사람들과 어떤 방식으로 일을 할까? 이런 궁금증 끝에 그곳에 가봐야겠다는 생각이 들었다. 그때 내 마음은 대충 이랬다.

"내가 못할 게 뭐 있어?"

도전, 실리콘밸리
빅테크 기업에 취업하기!

유학을 떠나기로 결심하다

그렇게 실리콘밸리에 대한 꿈을 갖기 시작했다. 물론 외국에 나간다고 해서 별세계가 존재하지 않는다는 것쯤은 알고 있었지만, 내가 좋아하는 것을 본고장에서 배워 내 실력을 입증해보고 싶었다. 이후 유명 대학들을 검색하고 상담도 받아보기 시작했다. 현재 유학 중인 선배들에게 이것저것 간단한 질문지들을 보냈다. 그러면서 어느 나라로 가서 어떤 학교에 갈지, 어느 과로 진학할지 서서히 목표를 좁혀 나가기 시작했다. 유학을 준비할 때는 내가 정말 이루고 싶고 공부하고 싶은 분야가 무엇인지 잘 알아야 한다. 물론 한국보다 더 넓은 세계에서 배우며 유학하는 과정에서 어떤 계기가 생겨 예상치 못한 진로를 결정할 가능성도 높다. 그렇지만 유학을 위한 유학을 준비하기엔 리스크가 너무 크다. 유럽이 아닌

영미권 대학이라면, 일단 생활비와 학비 등의 부담이 큰 데 비해, 눈에 띄는 성과 없이 쏜살같이 시간이 흘러버릴 가능성이 높다. 게다가 학교가 목표가 될 경우 혹시라도 원하는 학교에 갔을 때 그 학교가 내 기대에 못 미치거나 예상과 다른 환경이라면 매우 실망할 가능성도 크다.

유학은 더 큰 꿈을 이루기 위한 수단이지 목표가 되어선 안 된다. 그렇다고 너무 애매하고 두루뭉술한 목표를 세우다 보면 험난한 유학 준비 기간을 버틸 충분한 동기부여가 되기 힘드니, 유학 이후의 내 모습을 조금 구체적으로 잡아 그 상태의 나를 목표로 삼는 것이 좋다. 나도 처음엔 내가 정말로 하고 싶은, 유학을 가서야 이룰 수 있는 목표를 찾기 위해 나를 돌아보는 시간을 오래 가졌다. 일러스트레이터가 될 생각도 해보고 아예 생뚱맞은 분야를 생각해본 적도 있었다. 고민 끝에 정한 내 목표는 '실리콘밸리 빅테크 회사에 디자이너로 취업하기'였다. 이렇게 목표를 잡고 나니 어떤 학교를 고를지, 어떤 공부를 할지 목표는 물론이고 목표를 이루기 위한 구체적인 계획도 세울 수 있었다.

'천 리 길도 한 걸음부터'라는 속담처럼 실리콘밸리든, 인천공항이든 일단 첫걸음부터 떼야 했는데 그게 바로 영어 공부였다. 아니, 정확히는 토플 시험 점수였다. 유학 갈 나라를 결정하고 나면, 그 나라의 학교들이 요구하는 어학 테스트를 준비하게 된다. 예를 들면 북미 계열은 토플, 영국·호주는 아이엘츠IELTS라는 시험을 요구하는 식이다. 여기서 '앗, 이미 호주 갈 때 토플 시험을 봤다고 하지 않았나? 호주에 유학을 다녀올 정도면 영어 잘하는 거 아닌가?' 하는 의문을 품는 독자가 분명히 있을 것이다. 첫 번째로 토플 점수의 유효 기간인 2년이 훌쩍 넘은 시점이기도 했거니와 당시 내 토플 점수는 학부 교환학생을 겨우 아슬아슬하게 넘는 점수였기에 석사 지원을 위해서는 훨씬 높은 점수가 필요했다. 원하는 영어 점수를 만들기가 생각보다 쉽지 않았다. 한국에서 평소에 영어를 쓸 일도 없고 그렇다고 잊지 않기 위해 규칙적으로 공부를 해놓지도 않았다.

나는 다시 영어 학원 기초반부터 등록했다. 회사를 계속 다니며 주말반 수업을 들었고, 평일 퇴근 후엔 새벽까지 영어 학원 숙제를 마치고 주말에는 다시 수업을 들으며 저녁까지 학원에서 남아 공부하는, 정말 하루를 꽉 채운 스케줄이었다. 이때 심지어 건강상의 이유로 아침 일찍 일어나 운동도 병행하던 시기였는데 주변에서는 어느 것 하나 놓지 않으려는 내가 결국 이도 저도 이루지 못할 것 같아 위태로워 보인 모양이다. 차라리 회사를 그만두고 한 가지에 집중하는 게 어떻겠냐며 걱정 어린 충고를 하는 분도 있었다. 그래도 직장에 다니고 있었기에 학원비나 비싼 영어 시험, 유학 준비에 필요한 비용을 충당할 수 있었다.

물론 포기해야 하는 것도 많았는데 주말, 달콤한 잠, 충분한 휴식, 친구들과 함께하는 해외여행의 기회도 반납해야 했다. 무엇보다 심적으로 우울하고 힘들 때 이를 함께 나눌 사람이 없는 것이 가장 힘들었다. 주변에서 하나둘 점수가 나와 토플 지옥(?)에서 벗어나는 사람들이 생기자 계속 이 지옥에 남아 있는 내 모습도 나를 움츠러들게 했다. 공부를 한다고 해도 점수가 오르는 것 같지 않아 우울하던 어느 날, 뉴스에서 마침 메이저리그에 진출해 엄청난 활약을 하고 있는 류현진 선수가 나왔다. 야구도 잘 모르고 해외 야구에 대해선 더더욱 모르는 나였지만 타역만리에 나가 영어 한 마디 하지 못하는 상태에서 최정상에 이른 류현진 선수를 보자 알 수 없는 용기가 샘솟았다. 나도 언젠가 누군가에게 힘이 되는 사람이 될 수 있을까.

'지랄'의 세계

영어를 준비하는 동시에 포트폴리오도 준비해 나갔다. 보통 미국의 대학원들은 지알이GRE라는 시험 성적을 요구하는데 유학 준비생들에게는 '지랄'이라고도 읽힐 만큼 어렵기로 악명이 높다. 그러나 다행히도 내가 지원하는 과의 경우, 지알이를 포트폴리오로 대체 가능했다. 그렇다고 포트폴리오가 쉬운 관문은 절대 아니었다. 사실 포트폴리오를 준비하는 기간이 유학 준비 통틀어 가장 힘든 시간이었다고 기억한다.

포트폴리오를 준비하는 과정에서 참고하기 위해 여러 포트폴리오 사이트를 뒤져 세계의 많은 작가, 디자이너들의 작품을 검색해보았는데 확실히 재능 있는 작가들의 정말 멋진 작품들이 즐비했다. 엄청난 스트레스였다. 괜히 비교를 하며 자신감도 바닥으로 떨어졌다. 지금까지 내가 학교, 직장에서 해온 작업들은 모두 구려 보였고 아예 다 때려 엎고 처음부터 다시 시작해야 하나 하는 생각까지 들며 우울해졌다. 영어 공부를 할 때와 마찬가지로 피드백을 주거나 정보와 마음의 고통을 나눌 친구가 주변에 없었던 것이 우울의 원인 중 하나였다. 그나마 영어 공부를 할 때는 모두가 똑같은 공부를 하며 점수라는 깔끔한 목표를 설정하는 것이 가능했지만 포트폴리오는 어디서부터 어디까지 어떻게 만들어야 된다는 기준이 없었다. 이리저리 흉내 내보려다 실패한 너무나도 멋진 해외의 포트폴리오 사이트들 사이에서 나를 잃고 한참을 떠돌기만 했다. 그래도 이제 와서 흔들릴 순 없지 않은가. 멘탈을 부여잡고 지금 있는 나의 작업들을 최대한 잘 보여줄 수 있는 방법을 생각해야 했다.

지금 와서 생각해 보면 유학 준비를 위한 디자이너의 포트폴리오에서는 '내가 얼마나 잘난 사람인가'를 보여주는 것보다 '내가 어떤 고민을 하는 사람인가'를 보여주는 게 중요하다. 물론 멋진 비주얼의 포트폴리오는 소개팅에서 훈남·훈녀를 만났을 때처럼 첫눈에 좋은 인상을 주는 데 성공적일 수 있다. 그러나 더 중요한 건, 그 안의 '스토리'이다. 나는 일단 그동안 내가 개인적으로 진행한 작업들과 회사에서 한 작업들을 한데 모았다. 포트폴리오를 만들 때는 내가 한 작업들을 모두 때려 넣기보다는, 이 포트폴리오를 보는 학교나 기업의 요구에 맞는 가장 자신 있는 몇 가지만을 남기는 것이 중요하다. 그러니 욕심을 내려놔야 했다. 학교는 다작을 한 인재를 뽑는 것이 아닌 이 학교나 과가 지향하는 지원자인지, 이 지원자가 어떤 스토리를 가지고 있는지, 어떤 고민의 과정을 통해 이 프로젝트를 진행했는지 보려 하기 때문이다.

따라서 나는 몇 가지 중요한 작업물을 추려낸 뒤 각각의 작업에 더 많은 스토리를 불어넣었다. 내가 왜 이 작업을 했는지, 어떤 리서치와 고민을 거쳤는지, 어떤 부분에 실패했고 이를 어떻게 보완했는지, 어떤 결정들을 어떻게 내렸는지, 어떤 배움을 얻었는지에 대해 구술했다. 작동 동영상을 포함해서 작품을 더 입체적으로 이해할 수 있는 영상 자료를 제공하고 수상 실적이나 전시 경험도 빼곡히 더했다. 마지막으로 이미지 자료는 회의 장면부터 초안 스케치 등을 더해 '과정'이 잘 보일 수 있게 했다. 최종 결과물은 일률적인 사이즈와 포맷으로 깔끔하게 정리했다. 사실 이런 '과정'과 '스토리'를 중시한 포트폴리오는 유학뿐만 아니라 이후에 해외 취업을 할 때도 아주 유용했다.

위에서 언급했듯이 포트폴리오는 내가 가려는 학교와 과의 성격에 맞아야 한다. 그래서 가고 싶은 학교를 분명하게 정해놓는 것이 중요하다. 그리하여 내가 가려는 과에 맞춰 포트폴리오를 구성하는 것뿐 아니라, 이때 세운 목표를 바탕으로 흡사 목적지에 도착하기 위한 경로를 하나하나 지나듯이 차근차근 과정을 밟아 나가야 한다. 미국에서는 입시 시즌이 되면 학부모나 지인들과 함께 캠퍼스 투어를 다니는 지원자들이 많다. 그렇게 비싼 학비를 주고 가는 대학인데, 심지어 생판 가본 적 없는 곳(심지어 살고 있는 곳으로부터 몇 시간이나 시차까지 떨어진)에 있는 학교라면 적어도 직접 가서 학교의 분위기도 보고 실제 학생들도 만나보고 건물이나 시설도 살펴보고 동네도 둘러보는 것이 당연했다. 그러나 우리와 같은 해외 지원자들에겐 어려운 이야기다. 하물며 다른 나라와 문화권에서 평생을 살았던 유학생들은 부푼 꿈을 안고 덜컥 입학했다가, 낯선 환경에 적응을 못해 원하던 목표를 달성하지 못하는 경우도 많기 때문이다.

나를 가장 잘 어필할 사람은 바로 나

나는 캠퍼스 투어를 위해 미국 방문을 하지는 않았지만 인터넷 조사 후 지원할 만한 학교들을 정하기로 했다. 처음에는 나의 진로와 조금이라도 비슷해 보이는 과가 있다면 무조건 일단 써보자는 생각이었다. 추천서를 받기 위해 교수님을 찾아뵌 자리에서 교수님은 이렇게 물으셨다.

"어떤 학교를 지원할 건가?"

"되는 대로 전부요. 일단 한 아홉에서 열 곳 정도 생각하고 있어요."

그러자 교수님께서는 단호히 말씀하셨다.

"어휴, 너무 많아. 여섯 곳만 해."

처음에는 일일이 추천서를 써주기 귀찮아서 하신 말씀이 아닌가 생각했는데 이후에 여섯 곳을 지원하는 일도 엄청 힘든 일이라는 것을 깨달았다. 마치 광고 전단지 돌리듯 학교마다 똑같은 포트폴리오를 제출할 수 있는 것이 아니었다. 학교마다 요구하는 까다로운 방식에 정확하게 부합하는 결과물을 제출해야 했기에 가짓수가 많을수록 많은 시간이 소요되었다.

특히 에스오피SOP를 준비하는 것이 까다로웠다. A Statement Of Purpose의 약자로, 내가 왜 해당 학교 해당 과에 지원하게 되었고 입학한 후 어떤 분야를 배우고 어떻게 성장하고 싶은지, 졸업 후에 무엇을 하고 싶은지 등에 대해 구술한 에세이라고 할 수 있다. 쉽게 말하면 학업 계획서 같은 것이었다. 미국 대학 입시에 있어서 포트폴리오만큼이나 이 에스오피 에세이가 중요했다. 각 학교의 입학 사정관들은 이 에스오피를 통해 단순히 작업 레벨이나 토플 점수를 넘어 이 지원자의 동기나 목표, 열정 등을 평가하고자 한다. 처음에 나는 이 에스오피를 쓰기가 겁이 났다. 사실 그때도 여전히 직장에 다니던 중이었고 이런 저런 준비들로 글을 쓸 수 있는 시간이 부족한 상황이었다.

그래서 친구가 소개해준 에스오피 컨설팅 업체에 연락했다. 하버드, 옥스퍼드, 스탠퍼드 등 이름만 들어도 신뢰가 가는 대학 출신의 원어민 에디터가 써준다길래 귀가 솔깃했다. 업체는 이런저런 기본적인 질문이 담긴 폼을 보내주었고 여기에 대충 내용을 채워 보내자, 깔끔하게 번역까지 끝낸 에스오피 초안이 도착했다. 가격이 꽤 나갔지만 "내가 이런 시간 아끼려고 돈을 버는 게 아니겠어? 하하하!"라며 정신 승리를 했다. 당당하게 에스오피 출력물을 들고 자문을 해주시던 교수님을 찾아뵈었다. 교수님은 내가 드린 출력물을 천천히 읽으시더니 이렇게 말씀하셨다.

"이거 정말 네가 쓴 게 맞아? 초등학생도 이것보단 잘 쓰겠다!"

교수님께 엄청 혼난 뒤에 나는 그 워드 파일을 바로 폐기해버렸다. 그날 저녁부터 책상머리에 앉아 모니터에 나를 붙들어 매고 처음부터 글을 쓰기 시작했다. 너무 깊게 생각하지 않고 감정이 이끄는 대로 일단 한글로 써내려갔다. 의외로 글이 쑥쑥 써졌다. 내가 하고 싶은 말이 이렇게 많았는데, 내 열정과 이야기는 어느 누구도 아닌 내가, 나의 글로써만 보여줄 수 있었던 것이었는데 왜 처음부터 겁을 먹고 쉬운 방법에만 안주했던 것일까. 더군다나 이렇게 오랫동안 애써온 유학 준비의 가장 중요한 과제이자 마지막 관문이었는데도 말이다. 직접 글을 써내려가니 머릿속의 생각이나 진로에 대한 고민, 목표 등도 자연스레 글로써 정리되는 것 같았다. "그래! 이렇게 썼어야지! 이제야 좀 에세이 같네! 너 글 잘 쓰는

구나" 교수님의 칭찬을 들으니 그제야 좀 마음이 놓였다. 교수님의 피드백 이후 내 주변의 똑똑한 친구, 똑똑한 친구의 똑똑한 친구, 그 똑똑한 친구의 영어 좀 하는 똑똑한 친구에게 피드백을 받아 고치고 또 고쳐 최종본을 완성했다.

이렇게 학교에서 요구하는 모든 양식을 제출했다. 지원서가 정확한지, 요구한 자료들을 모두 확실히 첨부했는지 몇 번이고 확인한 후 최종 '제출Submit' 버튼을 눌렀다. 이제는 기다림과의 싸움이었다. 초조하게 유학 커뮤니티를 들락날락거리며 며칠 밤을 지새우다 보니 몇몇 학교에서 인터뷰 요청이 들어왔다. 진짜 최종 관문인 것이다. 보통 해외 유학생을 인터뷰할 때는 전화나 화상 연결로 진행하는 경우가 많지만, 본교에서 인터뷰를 진행하는 경우 학생이 캠퍼스 투어 겸 학교에 직접 방문하기도 하고, 심지어는 입학 사정관이 직접 한국을 방문해 한국에서 대면 인터뷰를 진행하기도 한다. 인터뷰 준비를 위해 몇 번이고 내가 제출했던 에스오피를 다시 읽어보며 내 스토리의 핵심과 줄기를 재확인하고 영어로 자신 있게 대답할 수 있도록 연습했다.

인터뷰까지 모두 마치고 난 후 최종 합격 발표가 나기까지는 하루하루 피가 마르는 날들의 연속이었다. 아침에 일어나자마자 침대맡에 있는 핸드폰을 집어 들고 텅 비어 있는 메일함을 확인하며 답답하고 허무한 마음으로 시작하는 하루를 보내고 또 보냈다. 그러던 어느 날부터 '축하합니다Congratulations'로 시작되는 메일이 하나둘씩 도착했다. 뉴욕대학교와 파슨스디자인스쿨을 포함해 내가 1순위로 가고 싶었던 대학들은 다행히 합격이었으나, 로드아일랜드디자인스쿨이나 SVAschool of Visual Arts에서는 불합격 통보를 받았다. 지원한 과와 내 포트폴리오의 성격과 결이 맞은 곳과 그렇지 않은 곳의 차이인 듯 보였다. 1순위가 아니었던 곳에 거절 메일을 보냈을 때는 네가 우리의 탑 후보 중 한 명이었다며 장학금을 더 올려주겠다는 딜(?)도 있었다.

행복한 고민이 남았다. 어떤 학교를 최종 선택해야 할 것인가. 말이 행복한 고민이지 이 순간의 선택이 평생 진로에 아주 큰 영향을 끼칠 테니 정말 신중하게 결정해야 했다. 나는 재학생과 졸업생의 작업 성향을 유튜브나 구글 검색 등을 통해 찾아보았고 내가 해당 프로그램에 입학해서 잘 적응할 수 있을지 가늠해보았다. 그리고 페이스북을 통해 졸업생들의 진로를 스토킹 아니, 조사해보기도 했다. 대부분의 학과들이 학과 홈페이지에서 졸업생 연도별 취업 현황을 공개하고 있는데, 이를 통해 이 학과가 내가 궁극적으로 이루고 싶은 것을 성취하게끔 도울 곳인지를 고민해보았다. 다른 합격생과 연락이 닿아 이야기를 나눈 경험도 최종 결정을 내리는 데에 도움이 되었다. 결국 고심 끝에 나는 카네기멜론대학Carnegie Mellon University의 엔터테인먼트 테크놀로지 센터(Entertainment Technology Center, 이하 ETC) 프로그램을 선택했다.

2장.

카네기멜론으로 떠나다

사용자 경험에 주목하자
보이기 시작한 것들

너드의 본고장, 카네기멜론

나의 마음의 중심은 일에 있다(My heart is in the work).

_앤드루 카네기의 명언이자 카네기멜론대학의 표어

엄청나게 비싼 길

미국으로 향하는 공항에서 나는 장엄한 한 토막 작별 인사 글을 페이스북에 올리고 비행기에 올랐다. 돌이켜 보면 사랑하는 부모님과 강아지들을 뒤로 하고 내가 나고 자라온 나라를 떠나 새로운 곳에 터전을 잡는다는 것은 정말 엄청난 일이었지만, 당시에는 사실 별 생각이 없었다(그때 내 머릿속에는 경유지인 샌프란시스코의 '인앤아웃' 버거를 영접할 기대로 가득 차 있었다). 그러나 한 가지 분명한 사실은 내가 지금 향하는 이 길이 굉장히 비싼 길이라는 것이었다. 내 시간과 노력을, 그리고 엄청난 돈을 퍼부어 결국 미국에 가게 되었다는 생각을 하니, 내가 미국에서 보낼 하루가 굉장히 값지게 따낸 기회라는 사실이 새삼 와닿았다. 사실 한국에서나 미국에서나 하루가 24시간인 것은 변함없었다. 왜 지난 시간, 그 소중한 하루들을 당연하게만 여겨왔을까. 이렇게 된 거 이제부터 하나라도 더 눈에 담고, 경험하고, 즐기기로 굳게 다짐하며 피츠버그에서의 첫발을 디뎠다.

피츠버그에서의 생활은 모든 날이 꿈같아서 가끔은 지금 내가 현실에 있는 것인지 의심마저 들 정도였다. 그도 그럴 것이 내가 밟은 석사 프로그램인 ETC는 메인 캠퍼스에서 어느 정도 떨어진 별관 캠퍼스에서 이루어졌는데, 그곳은 각종 영화, 애니메이션, 게임 캐릭터들의 조각과 사인 포스터로 도배되어 있는, 마치 테마파크 같은 비현실적인 공간이었다. 조금 과도한 게 아닌가 하는 생각이 들 정도의 사차원 같은 삼차원의 공간에서, 친구들과 매일 밤 늦게까지 게임과 디지털 미디어를 만드는 하루하루는 불과 1년 전 한국에서 직장을 다니던 나로서는 상상도 하지 못했던 생활이었다. 졸업한 지 꽤 오랜 시간이 흘렀지만, 지금도 그때를 생각하면 정말 꿈을 꾼 것 같은 기분이다.

카네기멜론은 피츠버그에 위치한 종합 대학으로 컴퓨터 공학과 예술, 디자인, 드라마 등의 학과가 인기가 많다. 특히 ETC 프로그램°은 《마지막 강의The last lecture》라는 책으로도 유명한 랜디 포시Randy Pausch 교수와 드라마 및 예술 경영 분야의 저명한 학자인

° 1998년. 컴퓨터공학 단과대학과 미술대학 간 연계전공 프로그램으로 설립되었다. 영상, 게임 등 엔터테인먼트를 목적으로 하는 융합 연구를 중점적으로 수행하고 있으며 MIT의 미디어 랩Media Lab과 함께 대표적인 융합연구소로 꼽힌다.

돈 마리넬리Donald Marinelli 교수가 함께 만든 과인만큼 이공계 엔지니어와 예술 분야의 창작자가 함께 일하는 환경에 대비하기 위한 교육을 한다. 가장 인기 있는 강의인 '빌딩 버추얼 월드Building Virtual Worlds'을 비롯하여 즉흥 연기, 기본적인 비주얼 스토리텔링, 게임 디자인 등의 필수 교양 과목과 선택 과목들을 통해 게임, 인터랙티브 디지털 미디어, 로케이션 베이스 엔터테인먼트 등 엔터테인먼트 산업 전반에 대해 깊게 배우고 경험하게 된다. 그러나 이 수업 외에 학생들끼리 선정한 주제로 학기 동안 자체 프로젝트를 진행하는 등 자체적으로 주제를 정해 연구를 진행하기도 하고, 이후에는 기업이나 기관의 의뢰를 받아 산학 협력 프로젝트들을 진행하게 된다.

산학 프로젝트의 클라이언트들은 아주 다양한데 학교, 박물관, 공공기관부터 디즈니, EA Electronic Arts, 구글, 루카스필름 등 이름만 들으면 알 만한 기업도 가끔 클라이언트 목록에 이름을 올린다. 혹시라도 이런 기업들에서 오퍼를 받는 경우 학교에서 수업을 듣는 대신 해당 기업에서 인턴으로 일을 하며 학점을 따는 코업Co-op으로 학기를 대체할 수 있으며, 원하는 경우 실리콘밸리에 위치한 캠퍼스에서 한 학기를 채울 수도 있다. 어떤 선택을 하든, ETC 프로그램이 지향하는 점은 실용적이고 창의적인 전문 인재를 양성하는 것이다. 마찬가지로 나도 강의를 들으며 얻은 학문적 성과보다는 수많은 프로젝트를 거치며 다양한 디자인 환경에 대한 감각을 익히고 각기 다른 전공의 동료들과 함께 일하면서 배운 점이 더 많다고 느낀다.

더 이상의 '일코'는 필요없어!

역시 학교생활에서 가장 어려운 동시에 즐거운 일은 사람을 만나는 것이다. 한국에서 반오십을 살며 거르고 걸러 정말 마음 맞는 친구로만 인간관계를 구축해놨는데 유학을 떠나온다는 것은 그 모든 과정을 처음부터 다시 시작한다는 뜻이 된다. 실제로 나처럼 사회생활을 하다가 적지 않은 나이에 건너온 많은 유학생들이 외로움 때문에 힘들어한다. 나는 혹시나 하는 마음에 학기 시작 전 대학에서 제공하는 언어 프로그램에 참여했다. 영어가 모국어가 아닌 석사 입학생들에게 대학생활에 필요한 아카데믹 라이팅이나 프리젠테이션 스킬 등을 가르치고 훈련시키는 한 달짜리 프로그램이었다. 미국에서 가장 처음 사귄 친구들은 나와 같은 마음으로 이 프로그램을 신청한 학생들이었다. 사실 언어 프로그램을 듣는 동안은 시간적으로 여유가 있었기에 우리는 모두 다른 문화권에서 모였음에도 불구하고 거의 매일 어울리고 여행을 다녔다. 그렇게 친해진 친구들은 피츠버그 생활 내내, 빡센 학과 일정 중에도 가끔씩 만나 담소를 나누고 고민을 들어주는 버팀목이 되어주었다.

학기가 시작하고부터는 눈 코 뜰 새 없는 스케줄이었다. 아예

ETC 건물에서 사는 수준이었는데, 집에선 씻고 잠자는 게 다였다. 심지어 그때는 한국인 특유의 부지런증이 가시기 전이라 그 바쁜 와중에도 꼬박꼬박 한식으로 아침을 챙겨먹고, 점심과 저녁 도시락까지 싸서 다녔다(그때는 또 건강을 엄청 챙기던 때라 내내 저염 한식, 샐러드, 닭가슴살, 아보카도 등 똑같은 건강 메뉴만 매일 먹었다. 도대체 어떻게 살았지?). 그렇게 아침 일찍 셔틀을 타고 캠퍼스에 도착하면, 정말 다른 세계가 펼쳐졌다. 믿기진 않겠지만 심슨 가족과 스파이더맨이 로비에서 반겨주는 곳이니, 말 다했다. 카네기멜론 대학의 메인 캠퍼스와 꽤 떨어져 있어 다른 학과의 학생들과 교류는 적었지만, 같은 캠퍼스에서 함께 살다시피 하는 ETC 학생들끼리는 좋든 싫든 가족 같은 관계가 된다(정말 가족이 되기도 한다).

너드nerd 대학으로도 유명한 카네기멜론의 명성답게, ETC에서 만난 친구들은 정말 하고 싶은 것을 마음껏 하고 싶어서 온 친구들인 게 분명해 보였다. 그들은 자신이 좋아하는 게임이나 애니메이션, 영화 캐릭터 등에 대한 애정을 숨기지 않았다. 아니, 자신을 있는 그대로 보여주는 것에 당당했다. 한 번은 건물에 있는 게임 룸에서 노래방 파티를 했는데 모두가 포켓몬 송으로 하나 되는 진풍경을 연출하기도 했다. 한국에 있을 때는 남들에게 비주류 문화에 대해 자연스럽게 말하는 것이 이상하게 보일까 봐 잘 모르는 척 '일코(일반인 코스프레)'를 했던 경우도 적지 않았다. 물론 미국이라고 해서 다를 수는 없겠지만 적어도 지금 나와 어울리고 있는

강의실 사이에 아무렇지도 않게 앉아 있는 심슨 가족과 함께

이 그룹만큼은 달랐다. 확실한 것은 이런 살인적인 스케줄에도 불구하고 하나같이 즐기며 일을 하고 있다는 것이었다. 이들은 조금이라도 더 재미있는 게임을 만들기 위해, 완성도 있는 작품을 만들기 위해, 새벽이 넘은 마지막 셔틀 시간까지 캠퍼스에 머물렀다. 정말 힘들었지만, 웃고 재미있었던 기억이 더 많았던 것도 이들 때문이다.

학과에서도 이를 잘 알고 있었고 이 같은 관심은 캠퍼스 곳곳의 각종 시설과 공간을 통해서 십분 구현되었다. 아티스트를 지망하는 학생들에게는 말로만 듣던 고가의 최신 태블릿 기기가 주어졌고, 3D프린터나 레이저 커터 등도 마음껏 사용할 수 있었다. 작곡이나 사운드를 전공하는 친구들이 사용할 수 있는 녹음실도 있었다. 그중에서도 내가 가장 신기하게 생각했던 곳은 우드숍이라는 공간으로, 그곳에선 목재를 활용한 우드 워킹이나 각종 대형 소품을 만들 수 있었는데 역시 안전 교육을 이수한 후 별도의 비용 없이 자유롭게 쓸 수 있었다. 할로윈 때 이 방이 아주 인기 있었다는 건 두말할 필요도 없다. 또한 재학생들의 엔터테인먼트 욕구 해소(?)를 위한 게임룸도 있었는데, 이곳에는 각종 보드게임은 말할 것도 없고 온갖 콘솔 게임기와 게임들이 쌓여 있었다. 이곳이 후에 포켓몬 열창이 이루어진 그곳이다.

또 다른 장점은 테크놀로지를 다루는 학과인 만큼 최신 디바이스를 시장보다 빠르게 써볼 수 있다는 것이었다. 마침 AR/VR Augmented Reality/Virtual reality 기술이 빠른 속도로 성장하면서 실리콘밸리 업계의 주목을 받는 상황이었다. 우리 역시 새로운 종류의 가상현실 기기에 맞는 소프트웨어나 프로그램을 제작하는 프로젝트를 맡을 기회가 많았다. 여러 기업이 데모 버전을 들고 방문해 대중에게 론칭되지 않은 기기를 테스트할 기회도 주었다. 지금에 야 대중화가 되었지만 당시에는 오큘러스 Oculus 등의 VR기기를 체험해본 사람이 아주 적었을 때였다. 이런 경험은 개발자였던 동기들뿐 아니라 아티스트/디자이너를 지망하고 있던 내게도 큰 영감을 주는 아주 좋은 기회였다. 이 기기를 사용하는 동안 내가 서 있는 곳은 캠퍼스 작업실이 아닌 전혀 새로운 공간이었다. 나는 마치 19세기 초반 처음 3D 영화를 관람하는 사람처럼 신기해했다. 사방이 가상현실로 둘러싸여 있었으므로 어떤 공간이든 우리가 만들면 그것이 현실이 될 수 있었다. 특히 호러 분야의 VR 게임들은 2D 게임이나 영화를 볼 때보다 몇 배나 높은 공포감을 느낄 수 있어 인기가 많았다.

솔직히 나는 내내 평면 작업을 해왔기 때문에 이런 종류의 작업을 할 때 필요한 3D 툴 사용에 익숙하지 않아서 이 분야의 프로젝트는 피하고 싶었다. 그래서 나는 VR 체험 프로젝트에 참여해 초반 아이디어를 모으던 단계에서 꾀를 내었다.

"게스트(프로젝트를 진행할 당시 사용자나 플레이어를 게스트라고 칭했다)가 있는 3D 공간에서 보는 모든 장면을 2D 아트 풍경으로 만들어버리면 어떨까? 내가 모든 아트 요소를 2D 프레임 애니메이션으로 만들게. 나만 믿어!"

이렇게 해서 작은 개미가 되어 거대한 세상을 마주하게 되는 콘셉트의 작품 속에서, 게스트는 한 땀 한 땀 손으로 그려낸 기묘한 느낌의 2D 프레임 애니메이션 VR 아트 체험을 하게 되었다. 3D 작업을 피하기 위한 잔꾀로 만들어진 작품 〈개미의 일생An ant's life〉은 E3° 등 각종 전시에 초대되었고 ACM의 〈CHI PLAY(Computer-Human Interface on Play)〉 같은 학회 저널에 실리기도 하였다. 사람 사는 일 참 알 수 없는 일이다.

ETC 프로그램에는 여러 콘퍼런스에 참가할 기회는 물론 콘퍼런스를 위한 지원금도 주어진다. 많은 학생이 이를 이용하여 해마다 3월 샌프란시스코에서 열리는 게임 디자인 콘퍼런스Game Design Conference나 시그라프SIGGRAPH 등의 행사에 참가하여 작품을 출품하고, 심지어는 스피커로 참여하기도 한다(나 역시 지원을 받아 웹 서밋Web summit라는 유럽의 디자인 콘퍼런스에 다녀올 수 있었다). 이런 대형 행사뿐만 아니라 해커톤Hackathon°° 같은 짧고 굵은 이벤트도 다양하다. 이 중 글로벌 게임 잼Global Game Jam이라는 해커톤 행사가 유명한데, 단 48시간 내에 팀을 짜고 게임을 만들어 세계 각국의 참가자들과 공유해야 한다. 글로벌 게임 잼은 매해 새로운 주제를 정하는데 해당 주제는 행사 시작일 오후 5시에 공개된다. 주제가 공개됨과 동시에 작업에 착수해, 48시간이 끝나는 이틀 후 오후 5시에 결과물을 제출하고 발표하는 시간을 가진다. 쉽게 말하면, 주말 동안 몸과 두뇌를 혹사시키며(?) 게임 하나를 제작해내는 행사인 것이다. 나 역시 몇몇 친구들과 글로벌 게임 잼에 참가해 카운트다운이 시작되자마자 게임 아이디어를 짜내고 디자인을 진행

○ 매년 6월 로스앤젤레스에서 열리는 세계 최대 규모의 게임 행사다. 정식 명칭은 일렉트로닉 엔터테인먼트 엑스포(Electronic Entertainment Expo). 많은 비디오게임 회사들이 E3를 위한 제품 소개에 많은 비용을 투자하며 비평가가 참여한 시상식을 진행하기도 한다.

○○ 소프트웨어 개발 분야의 프로그래머와 그래픽 디자이너 등으로 구성된 팀이 제한 시간 내에 프로그램이나 서비스를 개발하는 이벤트로, 해킹(hacking) + 마라톤(marathon)을 합성한 용어

하는 경험을 해보았다. 같은 행사에 참여한 다른 동기의 게임은 발표 때 아주 인기가 많았는데, 행사가 끝난 후 이때 만들어낸 게임이 학과 피칭Pitching°에 성공하여 다음 한 학기 동안 게임의 살을 붙이고 완성도를 높이는 작업이 진행되었다. 이후 그 게임은 여러 매체에 소개되었고, 세계 최대 게임 유통망인 스팀Steam에서 그린라이트Greenlight°°를 받아 데뷔할 수 있었다.

○ 투자를 받기 위해 설득하는 발표를 뜻하는 말로, 야구에서 투수(pitcher)가 포수에게 공을 내리꽂는 데서 유래한 말이다.

○○ 스팀 플랫폼 내에서 사용하는 용어로, 개인 또는 소수 인원 구성의 팀에서 만든 독립 게임을 선정해 스팀 이용자들의 의견을 취합해 스팀 상점에 판매 등록하는 서비스를 말한다.

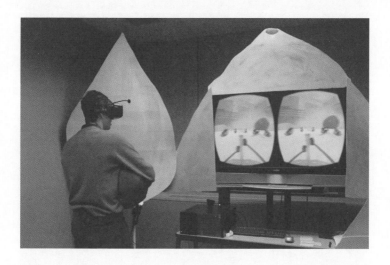

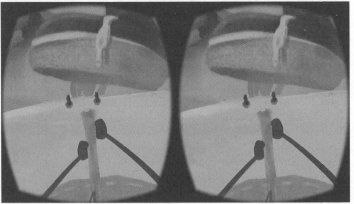

개미로 만들어주는
디자인을 고민하다

ETC 최고의 인기강좌 BVW

한 학기 동안 무려 다섯 개의 게임을 만들어야 하는 수업이 있다. '과연?' 싶겠지만 정말이다. 바로 카네기멜론 ETC 프로그램에서 가장 인기 있는 동시에 중요한 수업으로 꼽히는 BVW(Building Virtual Worlds)이다. BVW 수업을 수강하게 되면 짧게는 1주 길어도 2주 만에 게임 하나씩을 만들어야 한다. 그렇다고 아무렇게나 찍어낸 작업물을 제출할 학생들도 아니다. 학생들은 1~2주마다 돌아오는 새로운 프로젝트에 몰두해 주어진 과제를 해결한다. 또한 격주 간격으로 바뀌는 팀의 멤버와 적응하는 데 모든 에너지를 쏟아붓는다. ETC의 모든 학생은 입학 후 첫 학기에 BVW 수업을 필수로 듣게 되는데, 사실 워낙 유명한 수업이라 ETC 외의 다른 학과에서도 수강신청을 하는 경우가 많다. 그러나 안 그래도 힘든 커리큘럼으로 유명한 카네기멜론의 타 전공 학부 수업을 소화하면서 이 수업을 병행하기는 하늘의 별 따기다. 이 수업이 유명해진 건 앞서 언급한 랜디 포시 교수의 '마지막 강의'라는 수업 때문인데, ETC 생활 중 가장 힘들었지만 가장 기억에 남는 수업이었으며 이후 내가 미국에서 살아가는 내내 사회생활 전반의 뿌리가 되어준 경험이라고 할 수 있다.

BVW에서는 학기가 시작하는 첫 주 오리엔테이션에서부터 학생들이 앞으로 두 주간 만들 게임 과제와 하드웨어를 지정해준다. 처음 세 가지 프로젝트에서는 사용할 기기를 지정해주는데, 마이크로소프트 키넥트Kinect, 오큘러스, 립모션Leap Motion, 잼-오-드럼 Jam-O-Drum 등 다양하고 새로운 하드웨어를 활용해보는 기회가 되기도 하며, 문제를 해결하기 위한 도구로서 이 다양한 기기들을 창의적이고 적극적으로 이용하도록 유도한다. 그리고 마지막으로 이 프로젝트를 함께 진행할 팀(무작위로 지정한)을 발표해준다. 팀은 엔지니어, 아티스트, 사운드 디자이너로 구성되고 한 명이 팀을 리드하면서 각종 잡일(?)을 처리하기도 하는 프로듀서를 맡게 된다. 운좋게 마음이 잘 맞는 사람과 팀이 되기도 하지만 정말 이 사람만은 아니었으면 했던 사람과 팀이 되기도 한다. 어쩔 수 없다. 내가 원하는 사람하고만 일할 수 없는 것은 세상 어디에서나 마찬가지 아닌가. 학생들은 이렇게 계속 바뀌는 주제, 하드웨어, 팀원에 새롭게 적응하며 프로젝트를 완성해야 한다. 이런 식으로 한 학기 동안 다섯 프로젝트를 거치며 학생들은 게임, 스토리텔링, 사용자(게스트) 경험에 대한 감각을 익히고 여러 사람과 일할 수 있는 소프트 스킬을 키우게 된다.

사실 시간적인 한계와 제약이나 이제껏 다뤄보지 못한 하드웨어 또는 소프트웨어로 프로젝트를 진행해야 한다는 미션보다도 어려웠던 것은, 프로젝트마다 새로운 사람들과 맞춰나가야 하는 일이었다. 서로 다른 문화권에서 온 달라도 너무 다른 배경의 다섯 사람이 게임 하나를 단기간에 완성한다는 것은 정말이지 쉬운 일이 아니다. 하물며 한 학기 동안 총 다섯 번을 되풀이한다는 것은 말이다. 물론 융통성이 좋고 말도 잘 통해서 일사천리로 프로젝트가 진행되는 팀원들을 운 좋게 만나기도 한다. 그러나 때로는 절대로 자신의 고집을 꺾지 않고 독선적으로 팀을 밀고 나가려는 팀원과 한 배에 타야 할 때도 있었고, 이런저런 희망사항을 쏟아내지만 정작 아무런 일을 하지 않다가 몰아치는 마감 때에 모두 포기하고 잠수를 타버리는 팀원과 한 팀일 때도 있었다. 그럼에도 어떻게든 프로젝트를 완성시켜야 했다. 이 과정들을 겪어내다 보면 시간이 흐를수록 나와 다른 사람과 소통하는 법에 대해, 나와 의견이 다른 사람과 조율해 나가는 법에 대해, 남을 설득하고 팀의 의욕을 돋우는 법에 대해 익히게 되었다. 책임감과 문제 해결 능력이 커진 것도 물론이다.

설명서를 배척하는 수업

프로젝트를 만들면서 절대 빼놓을 수 없는 과정이 사용자를 상대로 한 테스트이다. 최근의 트렌드를 이끄는 걸작 게임들은 플레이어에게 교과서 같은 설명서를 늘어놓는 일이 없다. 게임 중 사막 한가운데에 떨어져도 자연스레 내가 가야 할 곳과 미션을 알아낼 수 있어야 하고 이것이 게임의 묘미가 된다. BVW 수업도 마찬가지로 설명서를 배척하는 프로젝트들을 선호하는데, 말하자면 최소한의 실마리만으로 사용자 스스로 인터랙션과 미션을 터득할 수 있게 해야 하는 것이다. 그 과정에서 사용자는 이 가상현실에 더 깊은 몰입감을 느낄 수 있으며 직접 게임의 룰과 단서를 알아갈 때에나 느낄 수 있는 희열을 느끼게 된다.

그러나 이렇게 자연스럽게 사용자를 유도하는 스토리와 상호작용을 디자인하는 일은 정말 쉽지가 않다. 게임을 만드는 이들에게는 당연한 단서나 단계들이 게임을 처음 접하는 사용자들에게는 직관적으로 가닿지 않을 수 있다. 따라서 무엇보다 사용자 테스트가 중요했는데, 우리에게 주어진 시간은 많지 않았기 때문에 아이디어를 짜는 즉시 최대한 간단한 버전의 프로토타입을 만들어 테스트했다. 다른 팀의 친구들이나 주변 지인을 수소문하여 프로젝트 룸으로 몰아넣고, 플레이를 시켜 사용자의 모든 행동과 피드백 등을 면밀히 관찰했다. 이 과정을 통해 사용자가 어떤 도구를 헷갈려 하는지, 어떤 지점에서 망설이는지, 어떤 장치를 잘못 이해하는

　　　　　　　　2장. 카네기멜론으로 떠나다

지 이해하려 노력했다. 물론 사람마다 미디어를 받아들이는 속도나 이해력도 다르기 때문에 한 사람을 테스트하는 것으로 만족해선 안 됐다. 우리는 짧은 시간 안에 최대한 많은 테스트를 진행하고 피드백을 모으려 노력했다. 더 많은 테스트는, 더 안전하고 완성도 있는 작품을 만드는 데 절대적인 도움을 주었다. 파이널 발표 한 주 전 인터림이라는 중간 평가 시간이 있는데, 이 기간 동안 모든 학생이 지금까지 만들어진 서로의 미완성 작품을 보고 피드백을 적어 보낸다. 이를 기반으로 보완하고, 고치고, 더하고, 빼고, 혹은 아예 기존 아이디어를 뒤집어엎고 새로운 작품을 만드는 경우까지 있었다.

프로젝트의 파이널 평가가 있는 날이면 학생 모두는 수업이 이루어지는 대형 강당에 모여 각 팀이 만든 결과물을 보게 되는데, 이때에는 학생이 아닌 이 게임을 처음 접하는 교수진과 학과 외부의 초청 인사, 혹은 졸업생 등 다양한 그룹의 전문가가 해당 게임을 플레이하고 평가한다. 이들 사용자가 모두가 보는 앞에서 결과물을 플레이하기 시작하면, 강당 안에 있는 모두가 손에 땀을 쥐고 사용자들이 각자가 만든 게임 속 가상현실의 미션을 잘 실행하는지 지켜봤다. 모두가 밤을 지새우며 만든 작업임을 알기에 새로운 사용자들이 내 프로젝트뿐만 아니라 다른 팀의 결과물을 플레이하는 모습을 보면서도 함께 긴장했다. 각자의 작품이 테스트 되는 동안 옆 팀의 팀원들과도 손을 꼭 잡고, 우리의 사용자가 우리가 원하는 대로 미션을 통과하기를 바랐던 기억이 여전히 생생하다. 실제로 사용자가 테스트에 성공하는 순간의 뿌듯한 쾌감은 잊을 수가 없다.

다섯 개의 프로젝트를 모두 거치고 나면, 모두는 대망의 BVW 페스티벌을 준비한다. 이는 해마다 열리는 ETC의 가장 큰 행사로 가족, 친구, 학교, 업계 관련 인사들을 초대해 한 학기 동안의 프로젝트를 공개하고 플레이하는 경험을 제공한다. 학생들에게는 사랑하는 이들에게 그간 정성을 쏟아부은 작업을 보여주고 그들이 이를 즐기는 모습을 볼 수 있는 보람찬 자리인 동시에 업계 사람들에게 눈도장을 찍을 수 있는 기회이기도 하다. 그러나 안타깝게도 모든 작품이 페스티벌에 소개되는 것은 아니다. 행사에 참여하는 최종 작품은 한 학기 동안 제작된 모든 작품 중 교수진과 초대된 업계 관계자들이 엄격하게 선별한다. 정말 운이 좋게도 내가 출품한 다섯 개의 프로젝트 중 무려 네 개의 작품이 페스티벌 전시 작품에 선정되었다. 하지만 그런 기쁨은 잠시, 고생길이 시작되었다. 출품작이 결정되고 나면 이 작품들을 행사 방문객들에게 선보이기 위한 준비로 더욱 눈코 뜰 새 없는 시간을 보내게 된다.

악마의 학기와 피드백

BVW 페스티벌에 오는 방문객 중 다수는 초대권을 받은 가족이나 친구들로, 대부분 BVW 페스티벌을 처음으로 방문하는 사람들이었다. 당연히 그들에게 신선하고 신나는 최고의 경험을 제공하고 싶었다. 그러기 위해선 우리가 만든 프로젝트의 플레이를 단순하게 선보이기보다는, 게임을 시작하는 순간부터 끝나는 순간까지 최상의 경험을 할 수 있도록 책임져야 했다. 이를 위해 그동안 받은 피드백을 기반으로 작품 자체의 완성도를 높이기 위해 노력했고, 선정된 프로젝트를 선보일 공간을 배정받은 후에는 해당 공간이 온전히 가상 스토리의 일부가 될 수 있도록 만들고자 했다.

예를 들어 〈개미의 일생〉은 VR 작품의 총체적인 사용자 경험을 제공하기 위해, 게임룸에 들어서는 순간부터 가상현실과 동일한 콘셉트의 무대장치를 접할 수 있도록 꾸몄다. 따라서 사용자가 룸에 첫발을 디디는 순간부터 '이제부터 한 마리의 개미가 되는 체험을 하겠구나'라고 이입해 더욱 생동감 있게 경험할 수 있도록 도왔다. 무엇보다 가상현실에서 주인공 개미는 먹이를 들고 이런저런 위기를 피해 건너편에 있는 여왕 개미에게 도달해야 했는데, 몰입감을 더하기 위해 실제로 가상현실과 비슷한 모양의 먹이 소품을 만들어 사용자가 이 주머니를 안고 게임을 플레이하도록 했다.

행사에 선보인 다른 작품 중 하나는 동물원이 배경인 게임 〈주패닉Zoo Panic〉으로, 우리를 빠져나간 동물들을 시간 내에 모두 우리 안으로 들여보내는 미션이었는데, 사용자들은 방망이처럼 생긴 PS 무브move라는 컨트롤러를 휘둘러 바닥에 비친 동물의 모습

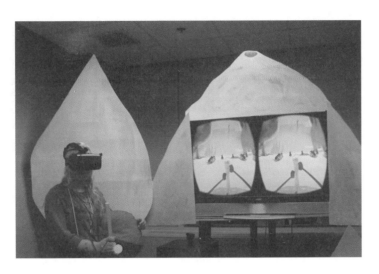

먹이 소품을 안은 채로 여왕벌에게 먹이를 바치는 미션에 돌입한 플레이어들

을 이곳저곳을 뛰어다니며 잡아야 했다. 이 게임룸에는 여기저기 풀과 동물 인형 등을 배치해 마치 실제 동물원처럼 꾸며놓았으며 게임을 플레이하는 사용자들은 동물원 사육사 모자를 쓰고 게임을 시작했다. 컨트롤러에는 네트를 부착해 실제로 네트로 동물을 잡는 촉감이 들도록 했다. 참고로 이 게임은 아이들에게 가장 인기 있는 게임이었다.

이 같은 행사를 한 차례 진행하고 나자, 단순히 기기를 활용하는 데서 멈추는 것이 아니라 사용자가 서 있는 공간 자체로까지 스토리를 확장함으로써 전체적이고 생동감 있는 사용자 경험을 제공하는 방법론을 배울 수 있었다. 열심히 만든 작품을 재미있게 즐

2장. 카네기멜론으로 떠나다

PS 무브 컨트롤러에 뜰채를 달아 도망다니는 동물을 잡도록 하는 게임인
〈주패닉〉 실행 모습. 게임이 끝나면 동물을 잡는 데 걸린 시간을 안내해준다.

기는 사람들을 보며 벅찬 뿌듯함을 느꼈던 것은 말할 것도 없다.

　순식간에 폭풍 같던 한 학기를 마쳤다. 그러나 여기서 끝난다면 아직 악마의 학기라고 말할 수 없다. 모든 프로젝트가 끝날 때마다 학생들은 함께한 팀원들에 대한 피드백을 남겨야 한다. 모든 피드백은 익명으로 이루어졌고 각 팀원에 대해 장점과 함께 보완점을 적어 제출했다. BVW 페스티벌까지 모든 과정을 끝마쳤다고 생각한 그때, 모두는 두꺼운 서류 봉투를 하나씩 받게 되는데 그 봉투에는 지금까지 작성된 나와 작업물에 대한 모든 피드백이 담겨 있었다. 이 피드백을 하나하나 읽으며 자신이 팀 프로젝트에서 어떤 강점을 발휘하는지 알게 될 뿐만 아니라 그동안 미처 신경 쓰지 못한 보완점들도 깨닫게 된다. 현재보다 더 성장하기 위해서 어떤 부분을 더욱 발전시키고 보완해야 하는지에 대한 입체적이고 객관적인 가이드라인을 얻게 되는 것이다. 이러한 피드백 시스템이야말로 한국의 문화와는 다른 큰 차이점이라고 할 수 있다. 한국에서는 제대로 된 피드백을 주거나 받는 일이 쉽지 않았지만, 미국에서는 일상이나 마찬가지였다. 나보다 직급이 높고 낮음에 관계없이 좋은 점이나 보완할 점을 배려 깊게 피드백해주는 동료들과 일할 수 있다는 것은 엄청난 축복이다. 한국에서 쉽게 경험할 수 없는 지점이기도 했다.

'사용자'라는 존재의 발견

'노트'를 디자인하는 일과 '예쁜' 노트를 디자인 하는 일의 차이

한국에서 디자이너로 지낸 3년 동안, 가장 집중했던 부분은 심미성이었다. 당시 만들던 제품의 특징이 젊고 유니크한 디자인에 있었던 때문도 크지만, 아름다운 제품을 만들고 싶다는 개인적인 욕심도 크게 작용했다. 따라서 스크린을 구성하는 색 하나하나, 픽셀 하나하나를 신중하게 디자인했다. 고슴도치도 제 자식은 예뻐한다는 말처럼, 지금 봐도 내 눈에는 예뻐 보인다. 지금보다 더욱 심미성에 치중할 당시에는 내 눈에 좋아 보이면 다른 이들의 눈에도 예쁘게 보일 것이라 철썩같이 믿었다.

이런 일화가 있다. 클라우드 노트라는 앱의 특성상 텍스트가 많아도 편안하게 읽힐 수 있도록 디자인하는 것이 중요했다. 스크린의 디자인을 보니 글이 빼곡하게 적혔을 때의 빡빡한 느낌이 마음에 들지 않았다. 본문 폰트 색깔을 그레이에 가깝게 명도를 줄이니 글씨가 빡빡하게 적힌 상태에서도 노트가 전체적으로 환해지고 눈이 편안하게 받아들이는 듯했다. 실제로 그레이톤으로 변형된 상태에서 출시가 결정되었다.

출시 얼마 후 리뷰를 살피는데 본문 글씨색이 너무 밝아 노트를 읽기 힘들다는 의견이 하나둘 보이기 시작했다. '이게 무슨 소리지?' 아직 20대 중반이던 젊고 건강한 눈으로 보기에는 밝은 글씨색이 환하고 깔끔하게 느껴졌던 것이다. 이후 가독성이라는 관점에서 본문 글씨색을 들여다보고 더 진한 색을 적용하자 그제야 내용이 훨씬 읽기 쉬워졌다는 것을 깨달았다. 심지어 글자가 들어가는 영역을 넓혀 이전보다 더 많은 글자를 담고 있는 상태에서도 텍스트를 읽기가 한결 나았다. 업데이트 이후 글씨색에 대한 긍정적인 리뷰가 쏟아졌다. 당시 나는 '노트'를 디자인하고 있다는 사실을 잊고 '예쁜' 노트를 만드는 데만 집중했다. 그러느라 노트의 본질과 가장 맞닿아 있는 특질인 '가독성'이라는 요소를 완전히 잊고 말았던 것이다.

유사한 경험이 하나 더 있다. 처음 모바일 앱을 디자인하기 시작했을 때는 폰 스크린이 아주 작았다. 아이폰의 3.5인치라는 작은 스크린을 기준으로 모든 디자인이 시작되었고 안드로이드라고 해서 다를 건 없었다. 당시 우리 제품은 화면 우상단 네비게이션 바에 '+' 아이콘을 배치했다. 노트 앱에서 가장 기본이 되는, '새 노트 시작하기' 아이콘이었다. 이처럼 작은 앱 내에서 상단 바는

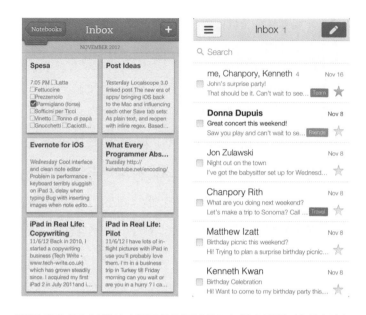

왼쪽의 에버노트와 오른쪽의 지메일 모두 우상단에 글쓰기 버튼이 위치한 것을 볼 수 있다.

가장 처음으로 눈에 띄는 포인트였고 당시 다른 많은 유명 제품들도 이 '새 노트 시작하기' 버튼을 상단 바에 위치시켰다.

시간이 지나면서 스마트폰의 크기가 커지기 시작했고, 화면 면적이 넓어짐과 동시에 비율도 길어졌다. 해상도도 무섭게 좋아졌다. 그러자 전에는 보이지 않던 리뷰들이 나타나기 시작했다.

"노트를 어떻게 시작하나요?"

당당하게 '+' 버튼이 앱 상단에 자리하고 있는데, 이걸 왜 발견하지 못하는지 이해할 수 없었다. 아무리 화면이 커졌다고 해도 내가 보기엔 찾기 어렵다고 생각하기가 오히려 힘들었다. 그래도 마지못해 이 문제를 해결해보기로 했다. 우리는 빈 화면 한가운데에 메모 일러스트레이션과 함께 '+' 버튼을 넣었다. 그러자 '어떻게 노트를 시작하는지' 묻는 리뷰는 싹 사라졌다. 그런데 우리가 해결한 건 이 문제뿐만이 아니었다. 어느샌가 나도 우리 앱을 쓸 때 우상단의 '+' 버튼 대신 가운데 버튼을 더 자주 사용하고 있다는 걸 깨달았다. 전보다 화면이 커져 엄지손가락을 우상단까지 뻗는 것보다 가운데 버튼으로 뻗는 것이 훨씬 쉬웠던 것이다. 단 몇 사람만의 불편이라고 생각했던 부분을 개선하자 이 제품을 가장 잘 알고 있다고 생각했던 나까지도 전혀 예상치 못한 도움을 받게 되었다. 이후 노트 작성량이 훨씬 늘어난 것은 두말할 것도 없다. 사실 그 시절의 테스트는 출시나 업데이트 전 회사 내 직원들끼리 제품을 만져보는 선에서 이루어졌다. 나를 포함한 팀원들은 우리 자신을 '제품을 모르는 사람'이라고 상정하고 '이 부분이 어렵지 않을까?' 혹은 '이 정도면 괜찮겠지?'라고 '가정'하며 사용성을 토론했다. 이미 제품을 너무 잘 알고 있는 상황이었기 때문에 이 과정에서 무시해버린 아주 당연하고 기본적인 사용자 고충이 정말 많았을 것이다.

카네기멜론에 와서야 나는 사용자 경험에 대한 나의 무지를 처음으로 '진단'받았다. 앞서 소개한 BVW 프로젝트들을 거치며 느낀 가장 큰 깨달음은, 우리에게 당연한 것이 처음 플레이를 시도하는 사용자에게는 당연하지 않을 수 있다는 사실이었다.

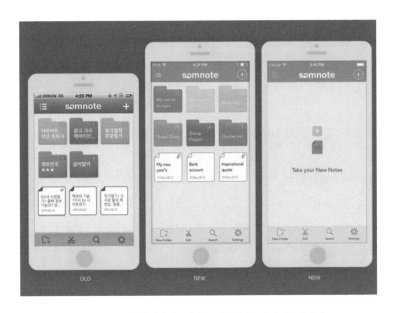

솜노트 화면 디자인 업데이트 과정. 스마트폰의 크기가 커짐에 따라
엄지손가락이 움직여야 하는 범위도 함께 멀어졌음을 볼 수 있다.
지금 보기에는 확장된 화면의 우상단 '+' 버튼 위치가 너무나 멀어 보인다.

생애 첫 클라이언트와의 만남

달콤한 겨울 방학을 보내고 나자 산학 협력 프로젝트가 기다
리고 있었다. 각 프로젝트는 여러 회사나 로컬 비즈니스를 진행하
는 다양한 클라이언트에게서 과제를 받아 랜덤하게 구성된 팀원
들과 한 학기 동안 진행하게 된다. 나로서는 미국에서 처음으로 클
라이언트를 만나 실무를 경험하는 일이었다. 우리 조가 담당하게
된 클라이언트는 AHN이라는 피츠버그의 비영리 의료 기관이었
다. 이들은 울혈성 심부전 환자들과 간병인들을 위한 정보를 제공

하고, 생활 습관을 개선하는 데 도움이 되는 교육 자료를 만들고자 했다. 클라이언트를 만나기 위해 미국의 대형 병원 회의실을 처음으로 방문했다. 처음으로 학교 밖에서 실무자들과 영어로 회의를 해야 하는 자리였던지라 너무 떨려서 회의 내용은 잘 기억나지 않는다. 하지만 딱 한 가지 생생히 기억나는 장면이 있다. 그날 클라이언트는 우리에게 책 한 권을 건네주었다. 당시 환자들과 간병인들에게 제공하던 책이었다. 울혈성 심부전이란 어떤 병인지, 어떤 생활 습관을 어떻게 고쳐야 병이 호전될 수 있는지 등 치료와 병행하면 좋을 정보를 환자와 간병인에게 안내하는 책자였다. 그 책은 아주 아주 아주 두꺼웠고, 무엇보다 정말이지 읽고 싶지 않게 생겼다고 해야 할까…? 나도 책을 자주 읽는 사람은 절대 아니었지만 누구든지 그 책을 보면 일단 한숨부터 나오는 게 정상일 듯 보였다.

　이 프로젝트에서 한 가지 특이했던 점은 타깃 유저 집단이었다. 아무리 책이 읽기 싫어도 울혈성 심부전이라는 무서운 진단을 받게 되면 아무래도 이에 대한 공부를 해야 하지 않겠는가? 절박한 마음에 인터넷이라도 찾아보게 되겠지. 그러나 우리의 클라이언트가 이 프로젝트를 요청한 이유는 일반 울혈성 심부전 환자 중 많은 비율이 저학력자와 65세 이상의 고령 환자들이었기 때문이다. 울혈성 심부전이란 무서운 증상이지만 식습관을 개선하고, 간단한 운동과 금주·금연을 병행하며, 좌식 생활을 줄이는 등의 생활 습관을 수정하면 증상이 악화되는 것을 예방할 수 있다고 했다. 그러므로 이 병이 어떤 병인지, 앞으로 복용할 약물은 어떤 것들인 지를 설명하는 것만큼이나, 환자가 지금까지 유지해온 잘못된 습 관을 고칠 수 있게 동기부여를 해주는 것이 아주 중요했다. 지금 까지 이 메인 타깃 유저 집단은 두꺼운 책을 보고 으레 공부하기를 포기해버리거나, 인터넷을 자유자재로 쓸 수 없기 때문에 쉽게 정 리된 정보에 접근하는 데에도 실패했으며, 생활 습관 개선이라는 목표에도 지속으로 집중하기 어려웠다. 하물며 필수적으로 알아야 할 약물의 이름을 외우는 일마저도 그들에게 커다란 장벽처럼 느 껴졌을 것이다.

그래서 우리는 이 두꺼운 책자 대신, 환자들에게 제공할 인터 랙티브interactive 태블릿 앱을 만들기로 했다. 역시 어려운 정보는 그 림으로 이해하는 게 최고였다. 스크린의 반을 애니메이션이 차지 하게끔 시원하고 큼직하게 구성하고 클라이언트와 몇 번의 회의를 통해 텍스트의 내용을 수정해가면서 정보 텍스트를 간단하고 직관 적으로 압축했다. 거기에 더해 앞서 배운 내용을 간단하게 테스트 하면서 정보를 더욱 명확하게 학습하고 학습 자체에 대한 동기를 부여할 수 있도록 몇 가지 미니 게임을 넣기로 했다. 게임을 제작 하는 데만 해도 엄청난 양의 이미지가 필요했고 많은 정보를 애니 메이션으로 전달하기로 했으므로, 메인 아티스트이자 UI 디자이 너 역할로 참여한 내게 주어진 작업량은 거의 헬 수준이었다. 그러나 예전부터 인터랙티브한 스토리텔링을 하고 싶었던 내게는 엄청난 기회였다. 처음 몇 주간 회의를 거듭하며 제품의 큰 흐름과 메인 아트 스타일을 잡았다. 제품에 들어가는 이미지들은 모두 내가 작업하게 되었는데, 중요한 점은 정보에 들어가는 일러스트레이션이나 애니메이션들이 모두 의학적으로 정확해야 했다는 점이다. 심장을 그리기 위해 구글에서 이미지를 검색하던 나는, 이내 심장을 포함한 여러 장기들을 너무 사실적으로 그리게 되면 보는 이로 하여금 약간의 두려움을 일으키리라는 생각을 하게 되었다(실제로 내가 그랬다). 따라서 장기의 형태는 의학적으로 정확하게 그리되, 이를 단순화하고 편안한 색으로 처리해 친근한 느낌이 들게끔 작업하기로 했다. 둥근 셰이프를 많이 넣어 시각적으로 위협적인 느낌을 줄 수 있는 요소를 없앴다. 귀여운 걸 잘 만드는 나의 재능이 빛을 발하는 순간이었다(웃음).

버튼이라면 자고로 누르고 싶게 생겨야

제품에 대한 기본적인 줄기가 잡히고 얼마 지나지 않아 프로토타입을 만들었다. 간단히 몇 페이지 정도를 실제 제품처럼 구현하여 맛보기(?)가 가능한 상태에서 질문지와 태블릿을 준비해 JCC라고 하는 커뮤니티 문화 센터를 찾았다. JCC는 지역 주민들이 여러 문화 행사와 체육 관련 프로그램을 쉽게 이용할 수 있는 공간이

울혈성 심부전증 환자와 간병인을 위한 인터랙티브 태블릿 앱 작업

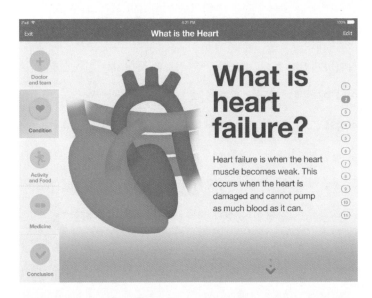

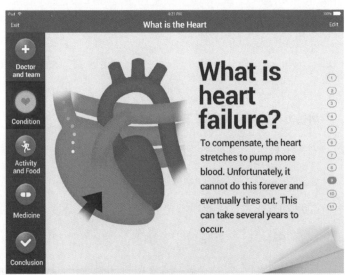

심장을 비롯한 장기의 모습은 정확하지만 단순하게, 생활 습관 개선과 관련된
이미지들은 동글동글하고 밝은 색상을 활용해 제작했다.

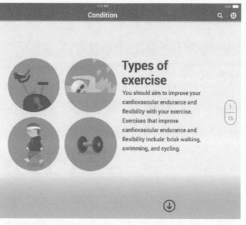

Types of exercise

You should aim to improve your cardiovascular endurance and flexibility with your exercise. Exercises that improve cardiovascular endurance and flexibility include: brisk walking, swimming, and cycling.

1/15

⬇

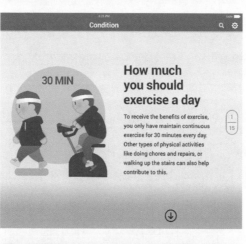

30 MIN

How much you should exercise a day

To receive the benefits of exercise, you only have maintain continuous exercise for 30 minutes every day. Other types of physical activities like doing chores and repairs, or walking up the stairs can also help contribute to this.

1/15

⬇

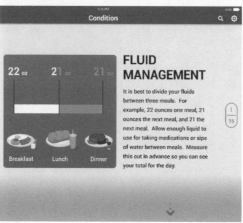

22 oz   21 oz   21 oz

Breakfast   Lunch   Dinner

FLUID MANAGEMENT

It is best to divide your fluids between three meals. For example, 22 ounces one meal, 21 ounces the next meal, and 21 the next meal. Allow enough liquid to use for taking medications or sips of water between meals. Measure this out in advance so you can see your total for the day.

1/15

⌄

었고 노인 커뮤니티도 잘 형성되어 있었다. 우리는 이곳에서 우리의 타깃 연령대인 어르신들을 만나 뵐 수 있었다. 우리는 센터와 사전에 조율해 적당한 크기의 회의실 공간을 대여하고 미리 약속한 분들을 한 분씩 입장시켜 이분들이 앱을 사용하는 모습을 관찰하고 인터뷰를 진행했다. 어르신들이 테스트하게 될 제품은 프로토타입에 불과했지만 우리는 꽤 자신이 있었다. 도대체 흠잡을 곳이 하나도 없어 보였다.

그러나 이게 웬걸? 일단 어르신들이 눈이 어두워서 내용을 전혀 읽지 못했다. 심지어 이전의 노트 앱 사건을 통해 경험으로 체득한 노하우를 기반으로 이번에는 작정하고 읽기 좋은 본문을 만드는 데 모든 노력을 쏟아부었는데도 불구하고 말이다. 사실 이보다 더 놀라운 반응은 따로 있었다. 왕년의 짬밥(?)으로 앱을 정말 예쁘고 심플하게 만들었는데, 이 심플이 문제였을 줄이야! 깔끔하게 만들겠다고 버튼에 그라데이션이나 그림자 효과 대신 메뉴 역할을 하는 사이드 버튼을 깔끔하고 플랫하게 제작했는데, 지나치게 평범했던 나머지 어르신들 눈에는 '버튼'으로 보이지 않았던 것이다. 스크린 밖 일상에서 볼 수 있는 버튼들은 불쑥 튀어나와 있기 때문에 우리는 이를 볼 때마다 '저것은 눌러서 작동시키는 물체'라는 것을 자연스레 알게 된다. 그 말인즉슨, 스크린 속 버튼도 '누를 수 있어야 하는 것'처럼 보여야 한다는 말이었다. 물론 디지털이 일상화된 젊은 사람들의 눈에는 너무나 당연한 '버튼' 디자인이 디지털 환경에 친숙하지 않은 어르신들에게는 낯설 수밖에 없었다. 도무지 이 네모(?)들을 가지고 어쩌라는 건지 알 도리가 없었던 것이다. 심지어 어떤 어르신은 태블릿 속 이야기와 게임의 룰을 현실의 이야기와 구분하지 못했다. 테스트를 끝낸 우리는 전혀 예상치 못한 피드백에 허탈감을 느끼며 사용자에게 쉽고 명확한 디자인이란 무엇일까 고민하지 않을 수 없었다.

우리는 일단 사이드 메뉴의 버튼의 색을 알아보기 쉬운 진한 색으로 바꾸고 그라데이션을 넣어 시각적으로 튀어나온 느낌이 들수 있도록 했다. 또한 우리의 메인 타깃을 위한 여러 UI 요소를 더했는데, 예를 들어 페이지 앞뒤로 화살표를 넣어 '앞으로 가기'와 '뒤로 가기'의 페이지 네비게이션이 확실하게 보일 수 있게 했다. 또한 넓은 영역을 차지하는 이미지로 인해 상대적으로 작아진 본문 폰트에 돋보기 아이콘을 넣어 본문을 큰 폰트 사이즈로 읽을 수 있게 하는 기능도 추가했다. 이렇게 발견한 문제를 고쳐 나가는 과정에서 또다시 섭외한 다양한 그룹과 수차례 추가 테스트를 진행했고, 결국 모두가 만족하는 결과를 낳을 수 있었다.

글을 쓰다 보니 지금에서야 생각나는 이야기가 있다. 대학 시절 편집디자인 수업에서 만든 잡지 결과물이 아주 만족스러웠던 나는, 출판된 잡지를 한가득 들고와 부모님께 보여드리며 자랑했다.

"이게 말이지, 내가 지난 학기 동안 팀원들이랑 밤을 새워가며 작업한 바로 그 전설의⋯."

홍분한 내가 한참을 떠드는 것을 들으며 잡지 몇 장을 넘겨보던 엄마가 말했다.

"아림아, 근데 글씨가 너무 작아서 읽기 힘들다. 난 별로."

나는 황당한 표정으로 아빠 쪽을 보았다. 아빠도 엄마 의견에 동의했다. 어이가 없었다. 읽기 힘들다는 데에 동의하기 어려운 것도 있었지만, 지금의 서체는 여러 번 다양한 폰트 사이즈를 비교해 본 결과 현재의 판형에서 가장 조화롭고 아름다워 보인다는 결론 끝에 선택한 사이즈였다. 친구들과 교수님 모두에게서 폰트 사이즈에 대한 언질 비슷한 것도 들어본 적이 없었는데, 왜 이런 걸로 트집을 잡는 건가 생각하며 잡지를 도로 빼앗았다. 그러고 나서 방에 들어가 생각했다. 역시 엄마 아빠는 디자인을 몰라. 그런데 지금 떠올려 보니, 디자인을 모르는 사람은 나였다. 나는 그때 읽는 사람을 위한 디자인이 아닌, 나를 만족시키는 디자인을 했던 것이었다.

축하합니다!
샌디에이고로 출근해주세요!

취업의 마지막 관문 네트워킹 쌓기

미국 유학길에 오르기 전, 해외 테크 기업에 취업해 활약 중인 한국인들의 콘퍼런스에 참석한 적이 있다. 그때 한창 해외로 나가고자 준비하던 내게 실리콘밸리 취업에 성공이란 정말 폼 나고 멋져 보이는 미래였다. 그때 징가라는 게임 회사에서 일하던 한 소프트웨어 엔지니어분이 하신 말씀이 뇌리에 남았다.

"저는요, 그냥 외국인 노동자예요."

이때는 이 말을 이해할 수 없었지만 그 자리에 있던 다른 스피커 모두가 껄껄 웃으며 이에 동의했다. 사실 해외에서 비자 자격으로 취업하는 한은 내내 스트레스를 받을 수밖에 없다. 많은 취업 이민자에게 있어 비자는 실력과 상관없이 운으로 결정되는 요소이고, 그렇기 때문에 반드시 비자 스폰서를 해줄 수 있는 회사에 취업해야 한다. 비자를 취득하는 진행 과정마저도 굉장히 느리다(돈을 더 내면 빨리 진행해주는 프로그램이 있기는 하지만). 설사 운 좋게 비자를 얻는다고 해도, 많은 경우 비자 때문에 직장을 옮기기 까다롭고 심지어 한국 땅을 밟지 못하고 미국에 머무르는 경우도 있었다. 말 그대로 회사에 묶여 있는 외국인 노동자인 것이다.

그러나 일단 외국인 노동자라는 타이틀이라도 얻으려면 일단 취업부터 해야 했다. 보통 미국에서 학생 비자 상태로 졸업하게 되면, 학과 특성에 따라 졸업 후 90일에서 150일 이내로 취업을 하지 않으면 법적으로 유학생 신분이 끝나버린다. 그러니 외국에서 온 학생들은 졸업이 가까워 올수록 취업에 대한 엄청난 압박감을 느꼈다. 나도 마찬가지였다. 사실 학교생활 중에는 꽤 자신감이 넘쳤지만 막상 취업을 생각하니 그 대단한 기업들에서 나 같은 사람을 뽑아줄까 하는 불안감이 드는 것도 사실이었다. 처음에는 '실리콘 밸리 빅테크 기업'에 가는 게 목표였지만 취업 시즌이 다가올수록 '그냥 아무나 뽑아줘요… 제발!' 간절함은 커져만 갔다. 이럴 때마다 마음을 가다듬고 내가 이곳에 유학을 온 이유를 반복해서 떠올렸다.

미국 테크 기업 취업에 있어 가장 중요한 능력은 네트워킹 즉, 인맥 관리이다. 이는 내가 가장 취약한 부분이기도 했고 링크드인Linkedin이라는 매체 가입이 미국 취업을 위해 필수인 이유이기도 했다. 취업 시즌이 다가오면, 학내 취업 설명회부터 각종 콘퍼런스를 포함한 네트워킹 기회도 넘치거니와 학생들 역시 정말 적극적으로 명함과 이메일 주소를 주고받으며 인맥을 쌓는다. 직접적으로 아는 사이가 아님에도 적극적으로 멘토링을 요청하는 학생들이 많고, 역으로 테크 기업 직원이라면 직급을 막론하고 자라나는 꿈나무들의 멘토링에 적극적으로 임했다. 모르는 사람에게 먼저 접근하는 것을 두려워하는 나에게 이 시기는 미국 직장 생활 전체를 통틀어 가장 힘든 시절이었다. 그러나 단순히 취업 기회를 얻는 일뿐만 아니라, 네트워크를 형성하기 위해 나를 어필하는 과정에서 중요한 배움을 얻을 수 있으므로 적극적으로 노력하지 않으면 안 되었다.

미국에서 가장 큰 테크 커리어 콘퍼런스 중 하나인 GHC(Grace Hopper Celebration)는 테크 계열에서 일하는 여성의 커리어를 위한 글로벌 콘퍼런스로, 역사적인 업적을 낳은 여성 컴퓨터 과학자 중 한 명인 그레이스 호퍼Grace Hopper에게 영향을 받아 만들어졌다. 이 거대한 연례 콘퍼런스에서는 내로라하는 빅테크 회사들이 앞다투어 스폰서를 자청하고 전시장에서 가장 잘 보이는 곳에 자리를 차지하기 위해 경쟁한다. 경험과 노하우를 나누고 영감을 주기 위해 전 세계의 수많은 여성 리더가 행사장을 찾고, 엔지니어부터 디자이너와 기획자까지 테크 계열에 꿈을 가지고 있는 수많은 학생이 배움과 취업의 기회를 찾고자 콘퍼런스 룸을 꽉꽉 메운다. 내가 참여한 2018년과 2019년 행사에 각각 2만 명과 2만 5,000명이 참여했을 정도로 큰 규모였다.

학생들은 3박 4일의 행사 기간 동안 엄청난 넓이의 콘퍼런스 장을 동분서주하며 스피치를 듣고, 전시를 보고, 회사 부스를 방문하여 취업 기회를 노린다. 커리어 콘퍼런스이다 보니 포트폴리오 리뷰나 즉석 인터뷰도 이루어지고, 멘토링의 기회도 활짝 열려 있다. 밤이 되어 콘퍼런스 건물의 문이 닫히면, 그때부터 네트워크의 장이 펼쳐진다. 회사들은 재능 있는 학생들을 유혹하기 위해 누가 더 쿨한가 겨루듯이 멋지고 힙한 파티를 준비한다. 좋은 DJ를 섭외하는 것은 필수다. 이곳에서 학생들은 더 캐주얼하게 업계 여성 선배와 리더들을 만나고 질문하며 소중한 인연을 만든다. 신나게 춤추고 놀며 낮 동안 쌓인 스트레스를 푸는 건 덤이다. 2018~2019년 당시에는 학생 신분으로 참여한 것은 아니었지만, 여전히 당시 개막식의 감동을 잊지 못한다. 2만 5,000석을 꽉 채운 열기와 함성이 아드레날린을 자극했다. 불과 몇 년 전의 내가 그토록 만나고자 했던 여성 롤모델들이 모두 그곳에 있었다. 코로나19 이후 한동안 온라인 형식으로 진행했고 앞으로도 한동안 온라인을 겸할 듯하니, 한국에서도 접속할 수 있을 것이다. GHC의 개막식과 폐막식은 전 세계로 생중계되기 때문에, 현장에 참석하지 못하더라도 가능하다면 챙겨 보면 좋겠다. 참고로 여성뿐만 아니라 남자들에게도 활짝 열려 있는 행사이다.

축하합니다, 당신이 일할 곳은…

나는 여름 인턴 기회를 통해 풀타임 취업에 성공했다. 여름 인턴은 많은 빅테크 회사들에 풀타임으로 입사하기 가장 좋은 방법 중 하나이다. 보통의 미국 테크 회사들은 연초에 디자인 인턴을 뽑는데 대체로 학내에서 여는 잡페어Job Fair 기간에 맞춰 각 회사 리쿠르터들이 직접 학교를 방문해 채용 설명회를 진행한다(한국에서라면 이게 뭐 대단한 일인가 싶지만, 미국은 땅덩이가 넓기 때문에 한 학교를 방문하기 위해 비행기를 타고 길게는 다섯 시간을 날아서라도 방문하는 것이다). 잡페어 기간에는 수많은 회사가 각종 굿즈를 진열한 부스를 열고 홍보를 진행한다. 어설프게 정장을 차려입은 학생들은 긴장한 얼굴로 빳빳하게 출력해둔 이력서를 한 뭉치씩 들고서 관심 있는 회사 부스를 찾는다. 긴 줄을 기다리고 선 끝에 자기 순서가 되면 그간 궁금했던 질문도 하고 포트폴리오에 대한 리뷰도 받는다. 바로 그 자리에서 인턴 자리에 지원할 수 있으며 운이 좋으면 현장에서 바로 인터뷰를 보기까지 한다. 나도 학교 잡페어 게시판에 올라온 채용 공고를 이용해 원하던 기업에 인턴 지원을 했고 비대면 전화 인터뷰를 보게 되었다.

UX 디자인 분야에 취업하는 데 있어서 가장 중요한 것은 사용자를 중심으로 한 스토리를 갖고 있느냐는 것이다. 포트폴리오 역시 삐까번쩍한 완성작 이미지를 열거하는 데 치중할 것이 아니라, 각 작업 사례의 의도와 과정에서 사용자를 위해 어떤 고민을 했으며 결과를 얻었는지 스토리를 함께 담는 것이 중요하다. 모든 스토리는 '사용자'에 대한 질문에서 출발해야 한다. 내가 왜 이 작업을 시작했는지, 어떤 문제점을 관찰했고 왜 이런 문제점들이 발생했는지에 대한 분석이 나와줘야 한다. 또한 관련 리서치를 어떻게 진행했고 리서치를 통해 무엇을 배웠으며 이를 기반으로 어떻게 사용자 경험을 향상시킬 방향을 설정하고 해결책을 내놓았는지, 이 해결책을 어떻게 테스트하고 점검했는지, 마지막으로 해당 작업을 통해서 무엇을 배웠는지가 드러나야 한다. 인터뷰도 마찬가지다. 이 사용자 경험에 대한 스토리를 말로 설명하는 것이다. 명시한 작업을 통해 내가 어떤 고민을 하고 어떤 결정들을 어떤 이유로 내렸는지 면접관들의 공감을 끌어낼 수 있어야 한다.

나 역시 앞서 내가 진행한 작업들을 포트폴리오에 꼼꼼하게 기재했고, 해당 작업의 어떤 접점에서 사용자의 불편함을 캐치했는지 이를 어떤 방법으로 개선했는지를 구체적으로 인터뷰했다. 그리고 인터뷰를 마친 며칠 뒤 전화가 걸려왔다.

"축하합니다! 우리는 당신을 고용하기로 결정했어요!"

이후 여러 기본 정보를 알려주며 덧붙였다.

"당신이 일할 지역은 샌디에이고예요."

예상치도 못했던 이야기에 나도 모르게 미국식 감탄사로 소리를 질렀다. 사실 내가 지원한 팀은 샌디에이고가 아닌 실리콘밸리에 위치한 팀이었다.

"샌디에이고라고요? 이럴 수가! 말도 안 돼요!"

당황한 내 심장 박동 소리가 텅 빈 프로젝트룸에서 메아리 쳤다.

이 통화가 이루어지기 3개월 전, 학교에서 진행하는 서부 투어에 참가한 적이 있었다. 서부 캘리포니아에 있는 LA와 샌프란시스코를 돌며 여러 회사를 직접 방문해보고 직원들을 만나볼 수 있는 커리어&네트워킹 투어였다. 당시 카네기멜론이 있는 피츠버그의 기온은 영하 25도였고, 서부 투어를 함께 떠날 친구들과 캘리포니아에서 '따뜻한 겨울'을 즐길 생각에 들떠 있었다. 어차피 방학이니 투어 시작 며칠 전에 미리 도착해서 남가주를 여행할 계획도 세운 차였다. 이때 LA를 둘러본 후 한 2~3일 더 머물 곳이 없을까 하던 차에 눈에 들어온 곳이 '샌디에이고'였다. 솔직히 도시 이름을 들어봤을 뿐 어떤 도시인 줄은 전혀 알지 못했는데, 샌디에이고에 방문한 뒤 우리는 샌디에이고가 지닌 아름다움과 여유에 흠뻑 젖어 황홀한 사흘을 보냈다. 이후 LA와 샌프란시스코를 방문했을 때는 이미 샌디에이고의 아름다움에 홀려 아무 감흥이 없을 정도였다. 샌디에이고에서 마지막 밤을 보내면서는 이런 생각까지 했다. '도대체 이런 곳에는 어떤 사람들이 사는 거지? 나 같은 사람은 뭘 해야 이런 도시에 살 수 있을까?'

이 질문에 대한 대답을 정확히 3개월 후 나의 취업 담당자에게 들었던 것이다.

질문하라고 월급 주는 직급, 인턴

최고의 대우를 받는 직급, 다름 아닌 인턴

샌디에이고 공항은 다운타운과 인접해 있고 항구가 활주로 가까이에 위치해 있다. 그래서 샌디에이고행 비행기가 착륙을 위해 고도를 낮추기 시작할 때면 창가석에 앉은 이들은 모두 넋을 놓고 나란히 정렬된 요트들에 시선을 빼앗긴다. 각자가 얼마나 세련되고 발전된 도시에서 날아왔는지는 중요하지 않다. 샌디에이고는 모든 것을 껴안을 듯한 따뜻한 햇살로 찰랑이는 바닷물을 반짝이며 모두를 반긴다. LA에서 차로 2시간 반 정도 거리에 위치한 샌디에이고는 캘리포니아 남쪽의 작은 항구도시로, 샌디에이고의 보석이라 불리는 라 호야La Jolla 해안을 필두로 절경의 해변과 항구가 해안선을 따라 늘어서 있다. 날씨는 또 어떤가. 겨울에는 따뜻하고 여름에는 시원해서 미국인들이 선호하는 은퇴 도시 중 최고로 꼽히는 도시이다. 명문 UC계열 대학 중 하나인 캘리포니아대학교 샌디에이고University of California, San Diego에는 미국 전역의 최고 교수들이 은퇴를 앞두고 몰려드는 곳이라는 말도 있다. 우스갯소리라지만, 실제로 UX 디자인의 아버지라고도 불리는 돈 노먼Don Norman 교수가 UC샌디에이고의 명예 교수로 있다.

토요일에 도착해 주말 동안 대충 짐 정리를 끝낸 후 월요일부터 출근을 시작했다. 나를 포함한 인턴들은 회사 건물 라운지에 옹기종기 모여 긴장된 얼굴로 사진을 찍고 사원증을 뽑았다. 오리엔테이션을 마치고 건물 밖으로 나와서 캠퍼스 투어를 했다. 높게 솟은 야자수 사이를 걸으며 강렬한 햇빛이 선선한 바람에 감겨 내 얼굴을 감쌌다. '아, 선크림 좀 단디 바르고 나올걸' 후회할 겨를도 없이, 넓은 협곡을 뒤로 한 멋진 야외 캠퍼스가 눈에 들어왔다. 건물 외부에 드문드문 비치된 야외 테이블과 소파에서 여유롭게 휴식을 취하거나 모래사장에서 배구를 즐기는 직원들의 모습이 보였다. 이들과 함께 인턴이라는 직함으로 미국에서의 첫 직장 생활을 시작했다. 이때의 나는 그야말로 어리숙한 상태로 뭘 준비해야 하는지도 모르는 채로 이 세계에 발을 들였다. 단지 시간이 떠미는 대로 흘러왔을 뿐인데, 어느새 6년이 넘는 세월을 이 회사와 함께 하고 있다니 놀라울 따름이다.

내가 인턴십을 시작한 인튜이트Intuit는 실리콘밸리에 본사를 둔 소프트웨어 회사이다. 인튜이트는 까다롭고 복잡한 세금 처리로 악명 높은 미국의 시민과 사업자를 위해 개인의 세금 보고를 처리해주는 터보택스TurboTax와 자영업자의 회계 업무를 도와주는 퀵북스QuickBooks 서비스를 제공하는 곳이다. 이 외에도 전문 회계사가 쓰는 소프트웨어와 개인 재무 관리 프로그램인 민트Mint까지 다양한 핀테크 서비스로 유명하다. 한국에서는 생소한 이름의 회사이지만 '터보택스'는 긴 역사를 자랑하는 서비스로, 미국에서 세금을 내는 이들이라면 모를 수가 없는 프로그램이다. 사실 내가 인턴을 지원했던 학생 시절에는 자영업은커녕 세금을 처리할 필요가 없었기에(유학생은 대부분 학교에서 제공해주는 프로그램으로 간단히 처리할 수 있다) 인터뷰 직전까지도 이 회사에 대해 아는 것이 없었다. 친구의 강력한 추천이 결정적인 영향을 미쳤다.

폴타임 전환 전, 나는 두 번의 인턴 생활을 했다. 샌디에이고에서 시작한 여름 인턴 외에 한 학기 동안 학교 대신 회사에서 실무를 배우는 코업Co-op 프로그램 즉, 학기 중 인턴제를 진행한 것이었다. 코업 프로그램은 여름 방학 인턴보다 오랜 기간 깊게 일을 배울 수 있고, 돈도 벌 수 있는 꿩 먹고 알 먹는 프로그램이었다(어쨌든 학생 신분이었으므로 수업을 듣지 않아도 등록금은 내야 했다). 가끔 폴타임 정직원들이 뼈 있는 농담조로 말하기를, 회사에서 가장 대우를 잘 받는 직급은 인턴이라고 한다(나도 이렇게 말하고 다니는 이 중 한 명이다). 회사에서 공짜로 내주는 최고급 숙소에, 주유 카드를 포함한 공짜 렌트카와 회사의 인턴 채용팀에서 준비한 온갖 파티와 이벤트까지! 실리콘밸리 기업들은 경쟁적으로 화려한 인턴 베네핏을 자랑하며 이 인재들이 회사의 일원이 되는 결정을 내리도록 최선을 다한다. 이런 노력을 통해 인재를 확보하고 회사 이미지를 고양하는 두 마리 토끼를 잡을 수 있었다.

안전지대를 벗어나야 보이는 사용자의 문제

그러나 누가 뭐래도 인턴 실무를 통해 얻을 수 있는 가장 큰 이익은 실무를 현장에서 직접 경험할 수 있다는 점이다. 나 역시 인턴 기간 동안 '일한다'는 느낌보다 '배운다'는 느낌을 더 강하게 받았는데, 회사는 인턴들에게 교육의 기회를 제공하기 위해 적극적으로 노력했다. 각 팀에서 인턴을 모집할 때도, 인턴에게서 무엇을 얻을까 보다는 인턴에게 어떤 교육을 제공할 수 있는지 진지하게 고민한다. 인턴들은 점심시간을 활용해 각종 레슨과 외부 인사의 강의 등에 초대되었다. 또한 엄청나게 바쁜 리더이더라도 인턴 병아리들이 1대 1 멘토링을 요청하면 주저 없이 응했다. 이렇게 배운 인턴들이 우리 회사에서 일하지 않게 된다 하더라도, 이들의 '회사' 선배가 아닌 '사회' 선배로서 이들의 꿈을 지지하고 끌어올려야 한다는 책임감을 느낀다.

이러한 교육 시스템의 일환으로 모든 인턴은 각기 배정된 팀의 일정과는 상관없이 회사에서 주최한 프로그램에 참여해야 했는데, 이 과정에서 200명이 넘는 전국 각지의 인턴들이 한 자리에 모여 며칠 동안 강연을 듣고 해커톤처럼 팀을 짜 주어진 과제를 수행하기도 한다. 여름 인턴 중 내가 참여한 인턴 서밋Summit도 이 3박 4일 프로그램의 일종이었다. 우리는 실리콘밸리에 위치한 마운틴 뷰 캠퍼스에서 CEO를 만나 여러 프로그램에 참여하는 동시에 팀으로 과제를 수행하고 마지막 날 임원진 앞에서 발표하는 일정을 가졌다.

당시 우리 팀은 함께 식사 후 각자가 시킨 메뉴대로 각각 얼마씩을 내야 하는지 계산해주는 앱을 기획해 발표하기로 했다. 미국의 학생들은 함께 모여 식사를 한 후에 먹은 음식 값에 세금과 팁을 더한 뒤 다시 이를 각자가 먹은 메뉴대로 나눠야 했기 때문에 나 같은 수포자에게는 계산이 너무 어려웠다. 그렇다고 일괄 N분의 1을 할 수도 없었다. 가난한 학생 신분에 시키지도 않은 메뉴의 초과 비용을 내기에는 너무 부담스럽지 않은가. 우리는 사용자 조사를 위해 일단 부딪쳐보기로 했다. 스탠포드대학과 그 주변 몰에서 막무가내로 인터뷰를 진행하기 시작했다. 앳되어 보이는 청년들이 회사 단체 티셔츠를 입고 긴장된 얼굴로 "저희는 인튜이트에 소속된 인턴들입니다. 과제 수행을 위해 잠시만 인터뷰를 요청드려도 될까요?"라고 부탁하니, 모두 반갑게 웃으며 응해주었다. "이런 건 어떨까요?"라며 적극적으로 자기 의견을 주는 사람도 있었다.

낮을 가리는 나로서는 이런 방식의 인터뷰에 적응하기 힘들었던 게 사실이다. 풀타임으로 전환된 이후에도 인터뷰를 위해 거리로 나선 적이 많았는데 대부분 해커톤 형식의 짧은 프로젝트를 위해서였다. 이 같은 방법은 아이디어를 도출하기 위한 가설을 세우거나 발전 방향을 빠르게 테스트하는 데 유용하다. 직장 내에서는 모두가 우리 제품에 대해 너무 잘 알고 있기 때문에 회사 밖에서 제품에 관해 전혀 모르는 사람들에게 테스트를 해볼 때에야 발견할 수 있는 지점들이 있었다. 물론 회사의 전문 리서치 팀이 정식으로 고객을 초대해 리서치를 진행하는 것이 정석이긴 했지만, 이런 이벤트로 인해 디자이너뿐 아니라 엔지니어와 기획자 모두가 각자의 컴포트 존을 벗어나서 고객의 목소리를 생생하게 경험하는 훈련을 할 수 있다.

다시 과제 이야기로 돌아와서, 결론부터 말하자면 40개의 그룹 중에 우리 팀이 우승을 차지했다. 우리는 앞선 인터뷰를 통해 아이디어를 발전시킬 수 있었는데, 먼저 식사 후 영수증 사진을 찍어 누가 어떤 주문을 했는지 체크할 수 있도록 했다. 당시 여자친구가 있던 팀원이 알 수 없는 이유로 다운로드 해놓은 유명 데이팅 앱 '틴더'에서 영감을 받아 왼쪽, 오른쪽 스와이프 동작을 통해 빠르게 내가 주문한 메뉴를 확인할 수 있게 했다. 나는 이렇게 완성된 기획을 기반으로 간단한 목업mockup° 스크린을 제작하고 당시 막 알려지기 시작한 혁신적인 프로토타이핑 툴인 '인비전InVision'

을 이용해 실제처럼 인터랙션 동작이 가능한 프로토타입을 만들었다. 빠르게 결과물을 만들어낸 덕분에 발표 당일 평가단 앞에서 실제 앱처럼 시연할 수 있었다. 당시 디자인 인턴이 많이 없기도 했거니와, 기획안이나 목업 스크린 수준이 아닌 엔드 투 엔드end-to-end 방식의 프로토타입을 보여준 팀은 우리밖에 없었다. 1등 상품으로, 우리는 회사의 설립자인 스콧 쿡scott Cook과 1대 1로 만나 이야기를 나눌 수 있는 기회를 얻었다.

인턴 시절, 나는 단 한 번도 내가 '잔업무'를 하고 있다는 느낌을 받은 적이 없었다. 팀은 한 사람의 팀원으로서 나를 신뢰해주었고, 간단하긴 해도 중요한 업무들을 맡겼다. 나는 열심히 내 매니저와 선배를 따라다니며 다양한 직원들을 만나면서 함께 일하는 방법을 터득해갔다. 한국에서 디자이너로 일한 경험이 있기는 했으나 직원 10명이 조금 넘던 작은 회사였을 뿐이니 직원 만 명이 넘는 소프트웨어 대기업에서 요구하는 소통 방식과는 엄청난 차이가 있을 수밖에 없었다. 무엇보다 회의에서는 모두가 평등했다. 인턴이라고 의견이 무시되기는커녕 오히려 신선한 시각이라는 관점에서 더 존중해줬다. 나보다 한참 어린 인턴들도 질문을 하거나 본인 의견을 던지는 데 거침이 없었다. 문화 차이인지 세대 차이인지는 모르겠다. '모르면 가만히 있어'라는 말을 밥 먹듯이 들으며 자

◎   제품 디자인 평가를 위해 만드는 실물 크기의 모형

라던 한국에서는 나름 할 말 다 하며 사는 사람이었다고 생각했는데, 이곳에서 직급을 막론하고 당당히 내놓는 질문과 대범한 의견들에 혀를 내둘렀다. 또한 다소 황당하고 말이 안 되는 질문일지라도, 일단 '좋아, 그래서(yes, and)'로 시작하는 실리콘밸리 피드백 원칙에 깊은 인상을 받았다. 이런 식의 소통을 통해 부정적이고 단정적인 비판을 줄이는 동시에 창의적인 시각으로 문제를 다시 볼 수 있었다.

실리콘밸리 인턴십 채용

실리콘밸리의 빅테크 기업들은 대개 2월 또는 3월에 디자인 인턴십 채용을 진행한다. 인턴으로 일을 시작할 경우 정직원으로 채용될 가능성도 아주 크기 때문에 관심을 두고 있는 회사가 있다면 미리미리 인턴십 채용 정보를 알아두면 좋다. 또한 링크드인이나 네트워킹 이벤트를 이용하여 관심 있는 회사의 직원들과 소통을 시도하는 것도 방법이다. 그 회사의 문화나 장단점, 그 회사가 중요시하는 가치 등을 직접 들을 수 있는 기회일뿐더러 무엇보다 리퍼럴(referral, 직원 추천) 기회도 얻을 수 있기 때문이다. 인턴이든 정직원이든, 현직원의 리퍼럴은 아주 큰 기회를 가져다준다. 채용이 성공으로 이뤄지면 해당 직원도 리퍼럴 보너스를 얻게 되므로 누이 좋고 매부 좋은 프로그램이다.

2장. 카네기멜론으로 떠나다

3장.

프로덕트 디자이너가 되다

우리는 문제를 해결하는 사람들

문제를 알아내기:
문제를 아는 것이 곧 해결하는 것

문제 자체와 사랑에 빠져라

마운틴 뷰에 위치한 인튜이트 본사 건물에는 생뚱맞은 테이블 하나가 놓여 있다. 조금 낡아 보이는 원목 테이블이다. 이 테이블이 인튜이트의 시작이다. 설립자인 스콧 쿡은 당시 부엌에서 회계 장부를 정리하며 골치 아파하는 아내를 보고 영감을 받아 퀴큰Quicken이라는 회계 장부 프로그램을 만들었다. 이 원목 테이블이 인튜이트의 성지가 된 이유이다. 별거 아닌 것에 의미를 부여한다고 생각할 수 있겠지만, 이 테이블은 말하자면 회사의 정신을 보여준다. 혁신은 작은 부엌 테이블 속에도 숨어 있는, 그야말로 어디에나 있는 것이다. 나는 이 이야기를 들으면서 이런 생각을 하기도 했다.

'아내를 정말 사랑하시는구나.'

분명 아내의 생활 패턴을 면밀히 관찰하고 그가 어떤 부분에서 불편함을 느끼는지 공감하고 고민했기 때문에 일상 깊숙이에 있던 문제를 끄집어낼 수 있었을 것이다. 혁신은 문제를 발견하는 것에서부터 시작된다. 문제를 발견하려면 깊게 관찰하고, 이 문제가 왜 생겼는지 깊이 분석해야 하기 때문이다. 마치 사랑에 빠진 것과 같이. 그래서 이런 유명한 말도 있다. "Fall in love with the problem, not the solution." 해결책이 아닌, 문제 그 자체와 사랑에 빠지라는 말이다.

프로덕트 디자이너로서 어떤 프로젝트에 임하든지 본격적인 기획을 시작하기 전에 시행하는 가장 중요한 작업이 있다. 바로 문제 정의(Problem statement) 시나리오를 만드는 것이다. 문제 정의란 말 그대로 지금 사용자가 겪는 문제가 무엇인지 사용자의 입장에서 작성하는 문제 진술서다. 따라서 문제 정의 시나리오에는

① 사용자의 상황
② 목표
③ 그 목표를 가로막고 있는 문제
④ 문제가 초래된 이유
⑤ 그 문제로 인한 사용자의 감정

등의 내용을 간단히 담는다. 문제 정의는 누군가의 머릿속에

서 단순히 가정한 결과물이어서는 안 된다. 사용자가 겪는 문제에 대한 철저한 리서치와 관찰 끝에 고치고 또 고쳐서 나오는, 바로 '왜'에 관한 문장이어야 한다.

이전 장에서 언급한 여름 인턴 이후 봄 인턴으로 일할 당시 일주일간 해커톤 형식으로 진행했던 회사 내 이벤트가 있었다. 당시 우리는 따로 저축할 여유가 없이 하루 벌어 하루 쓰며 살아가는 (living paycheck by paycheck) 사용자들을 인터뷰할 수 있었다. 우리 팀은 일주일 내내 사용자 인터뷰를 수없이 진행했고, 수정에 수정을 거쳐 발표 전날에 이르러서야 문제 정의 시나리오 하나를 겨우 완성하기도 했다. 결국 우리가 발견한 문제는 '시간'이었다. 우리가 인터뷰했던 많은 이들은 다음 날 하루를 버텨낼 돈을 버느라 제대로 살림을 돌보지 못하는 것은 물론 저축을 고민할 새조차 없었던 것이다. 발표를 앞둔 전날 밤, 우리는 사용자들이 재정 목표를 정하고 그에 따른 저축 과정을 시각적으로 볼 수 있게 도와주는 달력을 개발했다. 가계부를 작성할 시간은 없겠지만, 달력을 볼 시간조차 없으랴. 그리고 1등을 했다.

잘 쓰인 문제 정의 시나리오는 각 문제에 대응하는 알맞은 해결책을 찾을 수 있는 굳건한 이정표가 되어준다. 이해를 돕기 위해 이전 장에서 언급한 울혈성 심부전증 환자들을 위한 앱 작업을 바탕으로 가상의 시나리오를 만들어보았다. 의사들은 몇몇 환자 그룹이 일상의 습관을 개선함으로써 증세를 호전시킬 수 있다는 정보를 제공받아 왔음에도 불구하고 습관을 고치지 않은 채 병세가 악화되는 것을 발견했다. 이들은 환자들을 만나보고 직접 나눈 대화 등을 통해 그들의 연령대가 65세 이상이며 환자를 교육하는 데 주로 사용했던 책자가 너무 두껍고 어려워 환자들이 읽기 힘들어한다는 것을 깨달았다. 그래서 이런 문제 정의가 나왔다고 하자.

"나는 울혈성 심부전을 진단 받은 65세 이상의 사용자이다. 나는 내 병을 고치기 위한 정보를 습득하려고 했지만 할 수가 없다. 왜냐하면 정보 습득을 위한 책의 내용이 너무 어렵고 재미가 없어 흥미를 붙일 수 없기 때문이다. 이 때문에 나는 좌절감을 느낀다."

그렇다면 문제의 원인인 '어려운 책'을 보완할 수 있는 해결책은 내가 참여했던 작업처럼 '애니메이션과 게임을 동반한 쉬운 정보 전달에 중점을 둔 교육 인터렉티브 앱'이 될 수 있을 것이다.

그런데 만일 이 가상 시나리오의 결과가 환자 인터뷰와 문제에 대한 고찰 없이 대충 어림잡아 '안내 책자가 재미없어서 발생한 문제일 것'이라는 단정적 가정으로부터 도출되었다면, 인터렉티브한 교육 앱이 이 문제의 진정한 해결책이라는 것을 어떻게 확신할 수 있을까? 실제로는 65세 이상의 환자들이 생활 습관을 수정하기 위한 정보를 습득하는 데 어려움을 겪은 것이 아닐 수도 있다. 리서치 결과, 정보를 습득하는 데 겪는 어려움보다는 생활 습관을 고

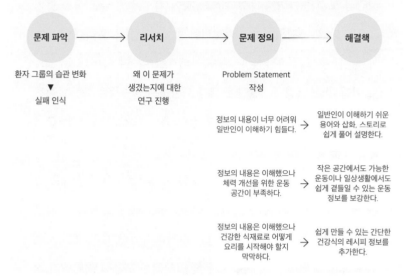

문제 정의(Problem statement) 시나리오

문제 파악 ——→ 리서치 ——→ 문제 정의 ——→ 해결책

환자 그룹의 습관 변화
▼
실패 인식

왜 이 문제가
생겼는지에 대한
연구 진행

Problem Statement
작성

정보의 내용이 너무 어려워
일반인이 이해하기 힘들다. → 일반인이 이해하기 쉬운
용어와 삽화, 스토리로
쉽게 풀어 설명한다.

정보의 내용은 이해했으나
체력 개선을 위한 운동
공간이 부족하다. → 작은 공간에서도 가능한
운동이나 일상생활에서도
쉽게 곁들일 수 있는 운동
정보를 보강한다.

정보의 내용은 이해했으나
건강한 식재료로 어떻게
요리를 시작해야 할지
막막하다. → 쉽게 만들 수 있는 간단한
건강식의 레시피 정보를
추가한다.

치는 일 자체가 힘들어, 문제의 원인을 알면서도 이를 해결하는 데
실패했을 수 있다. 이와 같은 경우에는 쉬운 정보 전달에 기반한
교육 인터렉티브 앱은 이 문제를 해결하는 데 도움이 되지 않을 것
이다. 그렇다면 그들은 왜 생활 습관 개선에 실패했을까? 여러 가
지 원인이 있을 수 있다. 가벼운 운동을 해야 하는 건 알지만 생활
반경 내에 적당한 운동 장소가 없었을 수도 있고, 평생 간단한 가
공 식품류만 먹다가 갑자기 건강한 식단으로 바꾸려니 어떻게 조
리를 시작해야 할지 몰라 막막한 것일지도 모른다. 해결책은 문제
의 원인이 어디에 있는가에 따라 달라지며, 그렇기 때문에 우리는
문제의 해결책을 찾기 이전에 문제의 원인, '왜'를 찾아내는 데에

3장. 프로덕트 디자이너가 되다

시간과 노력을 아끼지 말아야 하는 것이다. 예전의 나를 포함한 많은 사람들은 문제를 탐구하기보다는 해결책부터 도출하려는 경우가 많다. 하지만 그 유명한 천재 알베르트 아인슈타인Albert Einstein도 이런 말을 남겼다. "만약에 내가 세상을 구할 시간이 단 한 시간 밖에 없다면, 나는 55분을 문제를 정의하는 데 쓰고, 나머지 5분을 해결책을 찾는 데 쓸 것이다."

그렇다면 '왜'는 어떻게 찾아야 할까. '왜'는 사용자에 대한 깊은 공감으로부터 시작된다. 디자이너는 이 사용자 공감을 위해 몇 번이고 인터뷰를 진행하고, 그들을 관찰하며 사용자의 페인 포인트(통점, Pain point) 즉, 사용자가 불편을 겪는 부분이 어디인지 정확히 찾아내야 한다. 이때 얻은 인사이트들은 프로젝트 내내 고객을 위한 '진짜 디자인'을 할 수 있도록 든든한 버팀목이 되어줄 뿐만 아니라 내가 하는 일에 의미를 더하고 동기를 부여해준다. 큰 회사에 다닌다면 회사에 속한 전문적인 리서치 팀의 도움을 받을 수 있고, 리소스가 한정된 작은 회사에 다닌다면 본인이 직접 발로 뛰어 리서치를 할 수도 있다. 인튜이트에서 일하는 동안, 많은 경우 회사의 멋진 리서치 팀이 내가 의뢰한 프로젝트의 리서치를 진행해주었지만, 나는 아무리 일정이 빡빡해도 사용자와의 인터뷰 세션만큼은 최대한 직접 참관하려고 노력했다. 그렇게 직접 그 자리에 있게 되면 리서처가 진행하는 기존 시나리오 외에 내가 궁금한 부분을 덧붙여 질문할 수도 있거니와 사용자가 불편을 겪는 부분, 그 불편을 겪을 때의 감정, 보디랭귀지 등을 내 눈으로 직접 확인함으로써 훨씬 사용자의 문제를 깊이 이해하게 되고 공감하기 쉬워졌다. 그리고 이는 더 나은 디자인 결과물에 대한 강력한 동기 부여로 이어졌다.

발로 뛰어야 사용자 문제가 보인다

인튜이트에는 심지어 이런 프로그램이 있다. '팔로우 미 홈 Follow me home.' 직역하자면 집까지 따라가겠다는 의미가 되겠다. 조금 뜨악하게 들릴 수도 있는 이 리서치 방법은 스콧 쿡이 창안한 인튜이트의 트레이드 마크 중 하나이다. 일반적인 사용자 리서치라 하면 고객을 회사로 초청해 리서치 센터에서 직접 인터뷰를 하고 눈앞에서 시연하는 모습을 관찰하는 등의 과정을 거치게 된다. 그러나 사실 이 과정에서 관찰한 내용이 100% 정확한 반응이 아닐 수도 있다는 것이 장애의 핵심이다. 회사 건물로 초대된 사용자는 리서치 스튜디오에서 깔끔하게 마련된 테이블에 앉아 시원시원한 속도의 인터넷은 물론이고 별다른 방해물 없이 인터뷰와 시연을 마칠 수 있을 것이다. 그러나 이 사용자가 자녀가 있는 집으로 돌아가 이전 연도의 세금 정산을 위해 인튜이트의 프로그램인 터보택스를 켰을 찰나, 아이가 배고프다고 운다거나 애완견이 거실에 실례를 한다거나 갑자기 인터넷이 끊기거나 하는 응급(?)상황이 벌어지면 어떻게 될까. 프로그램의 비밀번호를 정리한 종이가 사방에 흩어질 수도 있고, 세금 정산을 위해 마련해놓은 자료들이 여기저기 날려 이를 다시 모으는 데 정신이 쏙 빠질 수도 있다. 이런 상황들은 굉장히 일상적이라 언제든지 누구에게나 생길 수 있음에도 일반적으로 프로그램을 만들 때 흔히 떠올리는 사용자 스토리에 쉽게 포함되지 않는 광경이기도 하다. 따라서 사용자가 가장 자연스럽게 행동하는 공간에서, 리서치 센터에서는 볼 수 없었던 상황까지를 관찰해낼 필요가 있다. 이에 직원들이 직접 사용자의 공간을 방문해 사용자가 생활 속에서 제품을 사용하는 모습을 관찰하는 것이 '팔로우 미 홈'이다.

미국의 승차 공유 서비스인 리프트Lyft의 디자이너 오드리 리우Audrey Liu는 한 콘퍼런스에서 그가 리프트 서비스를 디자인할 때 겪은 이야기를 나눈 적이 있다. 그는 리프트 앱의 디자인을 맡으며 본인이 직접 운전자가 되어보는 경험을 하기로 했다. 앱을 통해 운전자로 등록한 후, 거리로 나가 손님들을 태우기 시작했다. 그러자 지금까지 운전자의 옆자리나 뒷자리에서 인터뷰하고 관찰할 때는 보이지 않던 운전자의 페인 포인트가 보이기 시작했다. '혹시라도 내가 손님을 못찾게 되면 어떡하지?', '만약 사고가 나면 어떡하지?', '여기서 유턴을 잘못하면 어떡하지?' 하는 등의 운전자만이 할 수 있는 고민을 시작하게 된 것이다. 직접 발로 뛰어 소비자의 입장을 겪어봄으로써 그는 리프트의 메인 사용자인 운전자의 고충에 깊게 공감할 수 있었다.

이렇게 사용자와의 거리가 가까워질수록 사용자가 겪는 문제의 원인을 밝히는 데에도 한 발짝 다가서게 된다. 디자이너라면 다른 모두가 비즈니스 목표나 기술적인 한계에 집중할 때에 더욱 사용자의 편에서 사용자의 입장을 대변할 수 있어야 한다. 다시 한 번 말하지만 사용자를 중심으로 생각할 때에야 가장 좋은 해결책이 나올 수 있다는 것을 명심하자. 리프트의 오드리 리우는 앞선 강연에서 숫자가 아닌 사람으로 사용자를 인지할 것을 주문한다("People, not numbers"). 사실 이 '사용자'는 디자이너뿐 아니라 서비스에 관여하는 모든 직군 그러니까 리더에서부터 기획자, 엔지니어까지 회사의 모든 사람이 최우선으로 인식해야 하는 존재다. 우리의 제품을 사용하게 될 사람들은 누구이며, 그들의 일상 속 불편을 우리 제품이 어떻게 해결하고 이득을 줄 수 있을지, 제품을 개발하는 모두가 마음속 가장 깊은 곳에서부터 사용자들의 페인 포인트에 공감하고 있어야 한다. 회사가 디자이너뿐만 아니라 엔지니어를 포함한 모두에게 사용자에 공감할 수 있도록 하는 교육과 프레임워크 framework°를 주기적으로 제공하는 것이 중요한 이유다.

○   복잡한 문제를 해결하거나 서술하는 데 사용되는 기본 개념 구조나 골조

사용자 범위를 좁혀 나가기: '그럴 것 같은 것'에 속아선 안 된다

페르소나 설정과 아키타입 완성하기

유저에 대한 공감에서 출발해 모두가 만족할 만한 문제 정의 시나리오를 도출했다면 이제 진짜로 문제를 해결하기 위한 디자인에 착수할 단계라고 할 수 있다. 디자인 업무를 중심으로 사용자 그룹을 조금 더 구체적으로 정의해보자.

많은 디자이너가 타깃 사용자 그룹을 정의하기 위해 페르소나를 상정한다. 페르소나란 사용자 그룹의 성격을 함축하는 가상의 캐릭터를 만들어 사용자가 이 제품을 활용하는 시나리오에 대입시키는 방법이다. 이 페르소나를 통해 한 가상 인물의 프로필을 완성하게 된다. 이 페르소나에는 이 가상 사용자의 얼굴을 포함한 인적 사항과 직업, 성격, 행동 양식, 동기, 목표, 불만, 이 불만에 의한 이들의 감정 등이 스토리와 함께 작성될 수 있다. 페르소나가 만들어지면 이후 디자인을 할 때 이러한 타깃 사용자층을 이미지화하여 이들의 문제에 구체적으로 대응해 정확하게 문제를 해결해 나갈 수 있다.

그러나 페르소나 작성 시 반드시 주의해야 할 점이 있는데, 바로 해당 타깃 사용자에 대한 스테레오타입stereotype°을 주의해야 한다는 것이다. 이와 관련해 인터넷에 떠도는 유명한 밈이 있는데, 바로 헤비메탈 밴드의 싱어이자 여러 기행으로 유명한 오지 오스본과 영국의 찰스 3세를 비교한 사진이다.

오지 오스본과 찰스 3세의 스테레오타입

오지 오스본
Ozzy Osbourne

- 남성
- 1948년 출생
- 영국에서 성장
- 두 번 결혼
- 성에서 삶
- 부자이고 유명함

찰스 3세
Charles III

- 남성
- 1948년 출생
- 영국에서 성장
- 두 번 결혼
- 성에서 삶
- 부자이고 유명함

가상의 인물을 만들어 타깃 사용자층으로 선정하게 되면 이 인물의 동기, 목표, 페인 포인트보다는 프로필상 드러나는 인적사

° 고정관념을 뜻하는 용어로 'stereo(고정)'와 'type(활자)'을 합한 말이다. 흡사 고정된 활자판과 같이 지나치게 일반화되고 고착된 사고방식을 말한다.

항에만 집중하게 되는 오류가 생길 수 있다. 사실 이전 노트 앱을 만들 때 비슷한 실수를 한 적이 있다. 초기 솜노트의 사용자 페르소나는 에버노트 등의 기능 중심 클라우드 유틸리티 앱에 만족하지 못하는 10~20대 젊은 여성으로, 개성 있고 심미적인 노트 디자인을 통해 자신을 멋지게 표현하고 싶은 이들이었다. 하지만 앞서 소개한 오지 오스본과 찰스 3세의 인터넷 밈처럼, 모든 10~20대 여성의 성격과 구매 동기가 같을 수 없으니 이 같은 페르소나는 타깃 집단을 무리하게 단정 짓는 설정이었다. 지금이라면 절대 하지 않을 실수이지만 이같이 타깃의 성격보다 객관적인 지표를 기준으로 페르소나를 단정지어 발생하는 문제는 주변에서 흔히 찾아볼 수 있다. 무엇보다 이 같은 단순한 페르소나는 이에 대응하지 않는 사용자 집단을 소외시킬 가능성도 있다. 개인적으로 배우 남궁민 씨의 엄청난 팬인데 그가 한국의 한 예능 프로그램에 나와 내가 디자인한 제품을 대본 연습을 위해 사용하는 모습을 본 적이 있다. 회사를 퇴사하고 제품 개발에서도 손을 뗀 지 한참이 지났지만, 미국 땅에서 지켜본 방송 장면은 매우 감격스러우면서도 동시에 '10~20대 여성' 페르소나가 얼마나 잘못된 설정이었는지를 깨닫게 해줬다.

이런 페르소나의 허점을 보완하기 위해, 조금 더 추상적이고 넓게 접근하는 아키타입archetype이라는 개념이 있다. 이 개념은 분석심리학자 카를 융Carl Jung이 처음 제창한 이론에서 시작되었다.

UX 리서치에서의 아키타입은 타깃 사용자 그룹의 프로필에 집중한 페르소나와 달리, 사용자 그룹 집단의 행동 양식이나 패턴에 더 집중한다. 만일 울혈성 심부전증 환자를 위한 앱을 만들기 위해 사용자 리서치와 데이터를 기준으로 네 가지의 아키타입을 정리한다고 해보자. 첫째로 복잡한 내용을 숙지하기 어렵고 습관을 개선할 의지도 없는 '다 귀찮아요' 타입, 병을 개선하고자 하는 의지는 있지만 처음 듣는 어려운 개념에 대한 이해가 필요한 '더 알고 싶어요' 타입, 질병에 대해 이해는 했지만 생활 습관을 바꾸기 어려운 '글로만 배웠어요' 타입, 질병에 대한 숙지도 마치고 생활 습관도 바꿔 빠른 증상 개선을 위해 노력하는 '다 준비됐어요' 타입으로 나눠보겠다.

울혈성 심부전증 책을 접한 환자들의 아키타입

'다 귀찮아요' 타입	"책 내용을 이해하는 것도 어렵고 실천도 귀찮아요." 목표: 증세를 예방하고 싶다. 문제점: 증세 예방의 동기가 부족하다.
'더 알고 싶어요' 타입	"할 수 있는 건 다 해보고 싶은데 책 내용을 이해하기가 어려워요." 목표: 증세 개선을 위해 병에 대해서 더 잘 이해하고 싶다. 문제점: 책의 정보가 너무 어렵다.
'글로만 배웠어요' 타입	"책 내용은 이해했지만 막상 실천하기가 어려워요." 목표: 배운 것을 실제로 실천하여 증세를 개선하고 건강을 증진시키고 싶다. 문제점: 실천을 할 시간과 여유가 없다.
'다 준비됐어요.' 타입	"책 내용도 이해했고 생활 습관도 바꿀 준비가 되었어요." 목표: 증세를 개선하여 건강한 몸을 유지하고 싶다. 문제점: 꾸준한 추적 관리가 힘들다.

3장. 프로덕트 디자이너가 되다

이렇게 사용자 그룹을 네 가지 패턴으로 정리해두면, 디자인을 시작할 때 어떤 그룹을 우선순위에 놓을지 전략적으로 결정할 수 있으며 혹시라도 타깃 사용자 집단의 성격이 바뀌더라도 유연하게 대처할 수 있다. 이 네 가지의 아키타입을 만들어냈다고 가정했을 때, 우리의 인터랙티브 교육 앱은 '더 알고 싶어요' 타입을 중심으로 디자인을 전개했다고 할 수 있겠다. 디자인을 시작하는 단계에서 이런 페르소나와 아키타입을 함께 작성하여 사용자 그룹에 대한 정의를 확실히 내린다면 이후 모든 과정에서 누구를 위해 디자인을 하고 있는지 중심을 잡을 수 있다.

사용자 여정 지도 작성과 벤치마킹

이를 바탕으로 사용자 여정 지도(User Journey Map)를 만든다. 일단 문제를 불러오는 현재 상황에 대한 검토를 하기 위해 '엔드 투 엔드 경험(End to end experience)'을 분석한다. 사용자가 우리 제품을 사용하기 전, 필요를 느끼는 부분부터 제품을 통해 이루고자 하는 목표를 달성하는 순간까지를 과정별로 하나하나 모아본다. 이렇게 수집한 내용을 사용자의 입장에서 해석해보는 것이다. 사용자가 그들이 처한 다양한 상황 속에서 우리의 제품을 어떻게 체험하는지, 우리 제품에 어떤 부분이 사용자로 하여금 어떤 유형의 불편을 어떻게 유발하는지, 이로 인해 사용자가 어떤 감정을 느낄지 분석한다. 이를 바탕으로 사용자의 여정을 보여주는 스토리보드를 만들 수 있다. 사용자가 제품을 다운로드받는 장면부터 모든 과정의 스크린샷들을 모아서 어떤 부분이 사용자의 불편을 일으키는지 분석할 수도 있다.

동시에 현재 비슷한 문제를 해결하기 위해 주어진 다른 방안들을 연구하기도 한다. 벤치마킹이라고도 하는 이 방법은 딱 한 가지 접근법이 있는 게 아니라 다채롭게 접근할 수 있기 때문에 평소에 경쟁 제품을 포함해 사용자들이 일상에서 자주 이용하는 다른 제품들을 잘 봐두는 것이 좋다. 이런 다른 제품들을 살펴보고 이 제품들이 어떤 방법으로 현재 사용자들의 불편을 해결하고 있는지, 아니면 이 제품들이 놓치고 있는 부분이 어디인지, 어떤 새로운 패턴을 사용하고 어떤 익숙한 패턴을 사용하고 있는지, 어떤 부분에서 사용자들이 감동을 받고 반대로 불편을 겪을 수 있는지 등을 노트해두면 자료가 필요할 때 다시 찾아 유용하게 쓸 수 있다. 이제는 우리가 함께 다시 디자인하는 것 같은 기분이 들 정도인 울혈성 심부전증 태블릿 앱을 예로 들자면, 환자들에게 병원에서 제공하는 책 외에도 타깃 사용자 그룹에게 울혈성 심부전증에 대한 정보를 제공하기 위한 여러 제품이 시중에 나와 있을 것이다. 이들 제품이 우리가 안고 있는 문제를 어떻게 해결하는지, 이 제품들의 타깃 사용자층이 우리 제품과 어떻게 겹치는지 등에 대해서 집중적으로 알아본다. 또 같은 문제를 해결하는 제품이 아니더라도 타

3장. 프로덕트 디자이너가 되다

'더 알고 싶어요' 타입의 사용자 여정 지도

 더 알고 싶은 김울심 씨

User
Journey
Map

사용자

- 울혈성 심부전증을 앓는 70세의 노인 '김울심 씨'
- 목표 성취를 위한 의지와 끈기가 있는 성격이다.

증세 발견 → **병원 방문** → **의사 진료**

호흡곤란이 오는 등
평소같지 않은 증상을
호소. 병원에 전화를 걸어
검사 날짜를 잡음.

예약 당일, 의사에게
진단을 받고자 병원에
방문. 대기실에서 순서를
기다림.

처음 들어보는 병명에
당황. 그러나 상태가
심각하지 않아 적당한
투약과 생활 패턴
개선만으로 증세 개선이
가능하다는 의사의 말을
듣고 기대함.

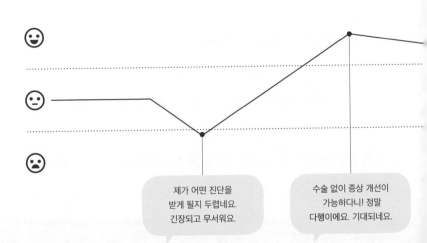

제가 어떤 진단을
받게 될지 두렵네요.
긴장되고 무서워요.

수술 없이 증상 개선이
가능하다니! 정말
다행이에요. 기대되네요.

특징

- 의학 용어를 접할 기회가 거의 없었다.
- 나이, 환경 등으로 인해 다양한 미디어 정보로의 접근성이 부족하다.
- 증세를 고치고 싶은 의지가 있다.

목표

- 증상을 완화하고 증세를 개선하고 싶다.

귀가 후

의사가 제공한 정보서에는
의학 용어가 가득하고 책의
내용이 방대하여 모두 읽고
이해하기가 어려움. 막막한
마음이 들고 좌절감이 듦.

치료 적용

결국 증상의 개선 실패.
더 쉬운 자료를 찾아보고
싶지만 인터넷 검색이
쉽지 않으며 어떻게
시작해야 할지 막막함.

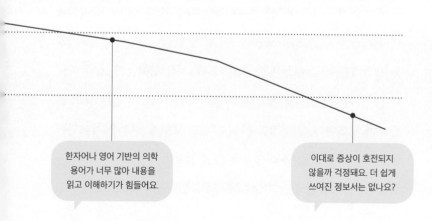

> 한자어나 영어 기반의 의학
> 용어가 너무 많아 내용을
> 읽고 이해하기가 힘들어요.

> 이대로 증상이 호전되지
> 않을까 걱정돼요. 더 쉽게
> 쓰여진 정보서는 없나요?

※ 위의 사례는 대학원생 시절의 프로젝트를 떠올리며 만든 가상 시나리오로
전문가의 의학적 소견으로 봐서는 절대로 안 된다.

깃 사용자층인 65세 이상의 노인이 주요 사용자 그룹인 다른 제품들은 어떤 패턴을 이용하는지, 어떤 방법으로 그들의 목표 달성을 유도하는지 연구한다. 더하여 구글 맵, 카카오톡, 네이버 검색 등과 같이 특정 사용자 그룹을 넘어 광범위한 대중을 위해 디자인되어 모두가 쉽게 사용할 수 있는 유명 제품들도 함께 조사하면 매우 도움이 된다.

사용자는 디자인과 상호작용하며 문제를 해결해나간다

이 정도 리서치를 마치면 제품에 대한 방향도 확실해지고 문제를 해결할 여러 아이디어가 생길 것이다. 일단 생각이 나는 대로 아이디어를 모두 전개하고 스케치를 해보자. 종이에 쓱쓱 그려도 되고 모노톤의 아주 간단한 선과 면 정도로 구성한 낮은 충실도(low fidelity) 버전, 즉 아이디어의 개념만 담고 있는 간단한 버전이어도 된다. 이런 간단한 버전으로는 제품을 디자인에 반영하기에 한계가 있을 수 있다. 하지만 이 단계에서는 걱정하지 말자. 일단 생각나는 대로 가능한 한 많은 아이디어를 모아본다. 일단 아이디어가 나올 만큼 다 나왔으면 비슷한 아이디어끼리 한데 묶고 분류하며 정리한다. 현실적인 한계 등으로 구현이 어려운 아이디어가 있다면 이 장애물을 어떻게든 없앨 방법을 고민해보고 정 방법이 없다면 왜 구현이 안 되는지에 대한 참고 노트와 함께 제외하는

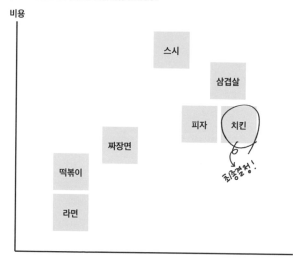

2×2 매트릭스를 사용하여 저녁 메뉴 고르기

배가 고프다. 무엇을 먹어야 할 것인가?

방식으로 선택지를 줄여나간다. '2×2 매트릭스'라는 표를 사용하여 장기적인 해결법인지 단기적인 해결법인지, 임팩트가 큰지 또는 작은지, 큰 비용이 드는지 혹은 적은 비용이 드는지 등의 기준으로 표를 그려놓고 아이디어를 정리하다 보면 어떤 순서로 문제를 해결해나가야 할지 선명하게 보일 것이다. 그러다 보면 문제를 더 효과적으로 해결할 수 있는 우선순위 높은 방안들이 남을 것이다. 이 선택지들을 조금씩 손을 봐서 해결책으로 제시할 시안 몇 가지를 만든다.

해결책을 디자인할 때 한 가지 주의해야 할 점이 있다면, 아이디어들이 단순히 몇 장의 시안에 머물러서는 안 된다는 것이다.

3장. 프로덕트 디자이너가 되다

사용자가 경험하는 처음과 끝을 총체적으로 고려해야 한다. 예를 들어 건물을 설계할 때 이 건물에 입장하는 이가 어떤 문을 통해 어떤 방식으로 입장한 후에 건물 내부에서 어떤 동선으로 이동할지, 화장실까지의 동선은 지나치게 멀지 않은지, 빛이 어떤 방향에서 들어오고, 출구를 찾는 방법은 간편한지, 건물 밖으로 나가는 방법은 충분히 편리한지 등 건물 안에서의 모든 행동을 고려한 뒤에 건물을 설계하는 것과 같은 이치다. 프로덕트 디자인도 서비스에 접속하는 시점에서 출발해 서비스를 종료하기까지의 엔드 투 엔드 경험을 총체적으로 제시해야 한다. 사용자는 디자인을 통해 일방향으로 해결책을 찾는 것이 아니라, 서비스와 상호작용하며 목표를 달성하기 때문이다.

① 시안 만들기 1단계: 정보 설계

먼저 제품의 구조가 만들어져야 한다. 정보 설계라고도 하는 이 단계는 건축가가 처음 건물을 설계하듯이 타깃 사용자가 가장 필요로 하는, 가장 쉽게 이용할 수 있는 형태로 구조를 디자인하는 것이다. 어떤 정보들을 서로 묶고 분류할지, 어떤 계층 구조로 정보를 나열할지에 대해 고민하는 단계이다. 큰 구조가 잡히고 난 후 조금 더 자세히 들어가 이 구조를 통해 사용자가 목적을 이루기 위해 어떻게 이 제품을 사용할지 그려볼 수 있다.

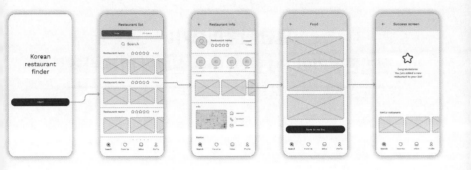

한국 음식점을 찾아주는 앱의 가상 와이어프레임 일부

② 시안 만들기 2단계: 와이어프레임 작성

사용자가 서비스를 사용하기 시작한 순간부터 끝나는 순간까지의 흐름을 플로우차트처럼 그린 설계도를 와이어프레임이라고한다. 와이어프레임에는 한 스크린의 구성이 어떻게 되는지, 현재페이지에서 보이는 버튼을 누르면 어떤 페이지로 이동하고, 어떤논리로 다음 페이지에 도달하게 되는지 등 사용자가 제품을 쓰는흐름을 최소한의 비주얼 요소로 보여준다. 예를 들어 간단한 흑백의 선이나 면, 텍스트, 더미 이미지 등으로 제작하여 보는 이들이핵심 내용에만 집중할 수 있도록 한다. 이 설계도를 기반으로 이후목업과 프로토타입을 만들고 제품 개발에 착수하게 된다.

일단 만들어보기:
실리콘밸리의 제1원칙, 빠른 실패와 빠른 반영

래피드 프로토타이핑: 마구 실패해봐야 한다

제작자의 눈에는 당연해 보이는 요소가 실제로 제품을 쓰는 사용자에게는 그렇지 못한 경우가 많다. 이때 필요한 것이 프로토타입이다. 제작자들은 최소한으로 실현가능한 프로토타입을 최대한 빠르게 만들어 이를 다양하고 많은 부류의 사용자에게 여러 단계에 걸쳐 테스트해봐야 한다. 여기서 최소한으로 실현 가능한 프로토타입은 꼭 눌러서 반응하는(clickable) 프로토타입이 아니어도 괜찮다. 심지어는 종이에 쓱쓱 그려서도 프로토타입을 만들 수 있다. 사실 종이로 만든 프로토타입의 경우 초기 단계에 유저 반응을 관찰한 후 더 빨리 다음 버전으로 고쳐서 테스트할 수 있다는 장점이 있다. 내가 테스트하려고 하는 기능이 무엇이냐에 따라 프로토타입의 정확도 역시 다르게 요구된다. 각 테스트 과정을 면밀히 관찰한 후 유저가 어떤 부분에서 망설이는지, 어떤 질문을 하는지, 어떤 표정을 짓는지까지 모두 노트하고 재빨리 문제를 보완하여 다른 버전의 프로토타입을 내놓는다. 사용자가 이번 버전에는 어떻게 반응하는지, 이전에 발생했던 문제가 고쳐졌는지 역시 면밀히 관찰한다. 이런 식으로 최소한의 프로토타입을 빠르게 만들고 테스트하여 적은 비용으로 발전시켜나가는 방식을 '래피드 프로토타이핑Rapid prototyping'이라고 한다.

실패는 성공의 어머니라는 말이 있다. 사실 여기저기서 너무 당연하게 쓰는 말이라 이걸로 곰탕 브랜드를 내 보면 어떨까 싶을 정도지만, 그만큼 중요한 말이다. 이제 어느 정도 해결책에 대한 아이디어와 시안들이 나왔으니 이제 성공을 위해 마구 실패해볼(?) 때가 왔다. 물론 실패에는 위험이 따르므로 두려울 수 있다. 그래서 실패는 '빨리' 하는 것이 중요하다. 먼저 아이디어를 던져보고 실패한 후, 그 실패에서 배운 점을 반영하여 해결책의 방향을 재설정할 수 있다. 빠르게 실패하기 위해서는 프로젝트 초기에서 중간 단계에 이르기까지 계속해서 테스트를 반복해야 하며 이 과정에서 얻은 깨달음을 바탕으로 마지막까지 아이디어를 발전시키는 것이다. 이때 프로토타입 제작이 큰 역할을 한다. 제품을 모두 완성한 후에 부정적인 피드백에 대응하려면 훨씬 많은 비용과 시간을 투자해야 한다. 실제 제품과 엇비슷한 프로토타입을 만들어 빠르게 테스트를 진행하면 실패를 해도 비교적 적은 비용으로 많

페이퍼 프로토타이핑 예시

은 배움을 얻을 수 있다.

사용 가능한 프로토타입 툴이 없는 초기 단계의 테스트라면 말했듯이 종이에 슥슥 그린 간단한 스케치로도 테스트를 진행할 수 있다. 물론 정교한 재현이 필요한 막바지 테스트에는 적합하지 않다. 코로나19로 재택근무에 들어가기 전에는 각종 시안과 단계별 와이어프레임을 큰 종이에 프린트해서 사무실 벽에 붙여놓고 이따금 잘라내거나 뭘 더 붙이기도 했다. 신기하게도 종이에 프린트를 하면 고쳐야 할 부분이 더 빨리 눈에 들어왔다. 컴퓨터 화면 안에서 이리 저리 움직일 필요 없이 한눈에 모든 흐름을 쉽게 파악할 수 있을 때가 많았다. 특히 디자이너가 아닌 다른 직군의 참여자들에게 가장 쉬운 툴이 종이이기도 했다. 디자인 툴이 익숙하지 않은 이들에게 쉽게 아이디어를 표현하기 위한 도구로 종이와 펜만 한 것이 없다. 모두가 한자리에 모여 포스트잇에 노트해 붙이거나 종이를 가위로 잘라 풀이나 테이프로 덧붙이는 수정도 가능하고, 매직펜으로 찍찍 긋고 본문을 고칠 수도 있다. 얼마나 직관적이고 빠른가. 물론 요즘 같은 시대에는 사용자와 직접 대면하는 인터뷰가 예전처럼 쉽지 않기도 하고 쉽게 만들어진 협업 툴이 많이 생겨서 종이 프로토타입은 라떼족의 추억거리 느낌이 다분하지만 말이다.

다양한 프로토타입 툴

요즘엔 워낙 좋은 툴이 많아 실제 작동하는 제품 못지않은 프로토타입을 쉽게 제작할 수 있다. 프레이머Framer와 같은 툴을 이용하면 디테일한 모션 애니메이션 작업이 가능하고, 피그마Figma, 인비전Invision 같은 디자인&프로토타입 프로그램은 아주 빠르고 쉽게 프로토타입을 찍어낼 수 있어 개발을 못하는 나와 같은 디자이너에게는 거의 인생을 바꾼 디자인 툴이라고 할 수 있다. 높은 충실도(high fidelity)로 정교한 프로토타입을 제작해 사용자 테스트를 진행하게 되면 마치 진짜 제품을 사용하는 것 같은 사용자의 반

3장. 프로덕트 디자이너가 되다

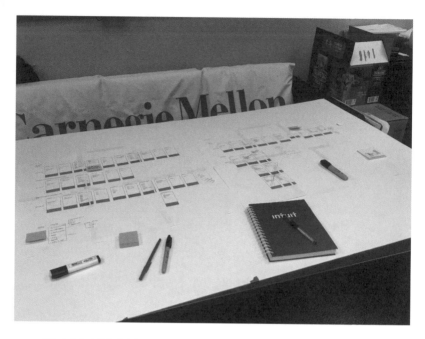

대형 전지에 인쇄한 페이퍼 프로토타이핑. 전체 와이어프레임을 한눈에 파악할 수 있어 좋고, 오며가며 떠오르는 아이디어를 그때그때 반영할 수 있어 좋다.

응을 이끌어낸다. 보통 테스트용 프로토타입에 인터랙션 애니메이션까지 재현하는 경우는 드물지만, 테스트로 알고자 하는 부분이 비주얼에 대한 반응이라면, 높은 충실도로 자세한 묘사를 더한다. 또한 테스트 시 사용자가 직접 내용을 입력하거나, 뒤따른 페이지에 앞부분에서 입력한 변수값을 반영할 수 있다면 더욱 효과적일 수 있다. 클릭만으로 쉽게 미리 계산된 내용을 채우고 다음 단계로 넘어가는 형태의 프로토타입보다, 직접 텍스트 창에 내용을 입력하면 훨씬 더 현실적인 프로토타입이 탄생하는 것이다. 액슈어

제품명	사용빈도 2022년 설문 기준	무료 평가판 없이 무료로 사용할 수 있는지?	디자인 처음 단계부터 설계 가 가능한지?	애니메이션 디테일한 애니메이션 작업이 가능한지?	핸드오프 개발자를 위한 사양 을 만들 수 있는지?
피그마 Figma	██████████	✓	✓	✓	✓
어도비 Adobe XD	██	✗	✓	✓	✓
프로토파 이 ProtoPie	■	✓	✗	✓	✓
스케치 Sketch	▌	✗	✓	✗	✗
인비전 InVision	▌	✓	✗	✗	✓
액슈어 Axure	│	✗	✓	✓	✓
프린서플 Principle	│	✗	✗	✓	✗
프레이머 Framer	│	✓	✓	✓	✓
루나시 Lunacy	│	✓	✓	✗	✓
앤티타입 Antetype	│	✓	✓	✓	✓

프로토타이핑 툴 비교 출처: uxtools.co

Axure라는 툴에서 이와 같은 기능을 사용할 수 있다.

이렇게 만들어진 프로토타입을 들고, 사용자 테스트를 진행해보자. 타깃 사용자 그룹을 향한 테스트에 나서기 전, 디자인을 검증할 가설을 준비한다.

3장. 프로덕트 디자이너가 되다

가설 예시

- 65세 이상의 사용자들에게는 큰 폰트와 대비가 강한 색이 더 가독성이 좋을 것이다.
- 만약 이미지와 애니메이션을 더하면 사용자들이 어려운 내용을 더 이해하기 쉽다고 생각할 것이다.

이 가설들이 정말로 먹히는지 아니면 제작자들의 단순한 착각에 불과했는지는 직접 부딪혀볼 일이다. 가설을 기반으로 테스트 과정을 면밀하게 관찰한 후, 사용자가 어떤 부분에서 망설이는지, 어떤 질문을 하는지, 어떤 표정을 짓는지까지 모두 노트한다. 해당 결과는 재빨리 다음 버전의 프로토타입을 만드는 데 반영하여 지난 버전에서 발견한 문제가 개선되었는지 등을 관찰한다. 사용자 테스트로 디자인이 검증되고 난 후에야 제품 제작 단계로 넘어갈 수 있다.

각각의 사용자 테스트 결과는 우리의 디자인이 사용자에 근거한 논리를 획득할 수 있도록 한다. 검증에 실패할 수도 있다. 오히려 실패는 환영이다! 실패는 프로토타입을 발전시킬 가장 확실한 원동력이다. 실패한 후 또 실패한다면? 괜찮다. 어떤 부분에서 실패했는지 배우고 이전 버전을 빠르게 고쳐 재검증에 나선다. 재검증이 몇 번 반복되다 보면 어느샌가 만족할 만한 마지막 버전이 생길 것이다. 이 같은 방법이 앞서 말한 래피드 프로토타입이다.

구글에서 구글 글래스와 무인 운전 차량 등의 프로젝트를 이끈 디자이너 톰 치Tom Chi는 이 래피드 프로토타입에 대한 강의로 유명하다. 복잡하고 미래적인 아이디어를 빠르게 구현하기 위해 그는 찰흙, 헤어밴드, 젓가락 등 주변에서 쉽게 구할 수 있는 재료를 끌어모아 하루 이내, 짧게는 한 시간 이내로 간단한 프로토타입을 만들어 구현해봤다. 나 역시 톰 치의 워크숍에 참가한 적이 있는데 당시 그가 한 말 중 가장 인상적인 말은 이것이었다. "Doing is the best type of thinking." 직접 해보는 것만큼 좋은 생각법은 없다는 말이다. 우리는 제품을 만들어 나가는 과정에서 여러 토론에 참여하게 된다. 당연히 서로 의견과 생각이 다를 경우가 생길 테다. 그럴 때 우리는 쉽게 이런 주장을 하곤 한다. "이 부분에서 사용자는 이렇게 행동할 거야."라거나 "내가 사용자라면 이런 걸 좋아할 거야." 혹은 "내가 보기엔 디자인이 너무 복잡한 것 같아." 같은 말들이다. 모두가, 실제로 증명하게 전엔 추측일 뿐이다. 이렇게 의견이 갈릴 땐, 재빨리 간단한 프로토타입을 만들어 동료, 가족, 친구를 가리지 말고 테스트해본다면 결정을 내리기가 더 쉬워질 것이다.

이제까지 언급한 리서치 방법과 과정은 절대 간단하지도 적지도 않다는 것을 안다. 제품이나 기능을 디자인하는 접근법은 천차만별이다. 내가 언급한 내용과 이 글을 읽으시는 분들의 디자인 과정이 다르다고 해서 뭐가 옳고 그르다고도 할 수 없다. 여기에서 제

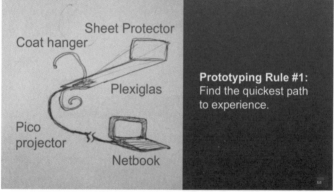

Prototyping Rule #1:
Find the quickest path to experience.

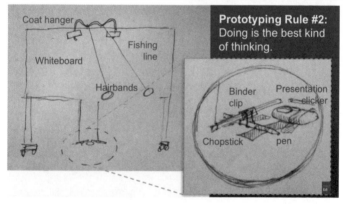

Prototyping Rule #2:
Doing is the best kind of thinking.

TED에서 래피드 프로토타입에 대한 강연을 하고 있는 톰 치의 모습. 그가 하루 만에 완성한 구글 글래스 프로토타입 시안과 45분 만에 완성한 '마이너리티 리포트' 모델 프로토타입 시안

출처: TED-Ed '구글 글래스 래피드 프로토파이핑(Rapid prototyping Google Glass)' 캡처 장면

시한 리서치 방법론 극히 일부 불과할 뿐, 상황과 목표에 따라 방법론의 종류는 엄청나게 많다. 내가 제시한 문단마다 관련 전문서적 한 권씩은 가볍게 대응되지 않을까 생각될 정도이다. 아마도 실제 프로젝트에서는 말도 안 되게 촉박한 데드라인이 제시될 수도 있고, 기껏 사용자 테스트를 끝내놨더니 막판에 과제 주제가 바뀌는 경우도 허다할 것이다. 실무에서는 제품을 제작하는 목적이나 프로젝트 성격에 따라 상당 과정을 건너뛰어야 하고, 전문적인 리서치 팀이 있는 큰 회사와 달리 대부분의 작은 회사에서는 디자이너와 팀이 직접 발로 뛰며 리서치 계획을 짜고 사용자를 만나기도 하므로 구체성과 충실도가 떨어지는 것도 어쩔 수 없는 노릇이다.

그러나 생각해보자. 많은 사람이 '결과'만을 중시한다. 특히 디자이너의 역량을 평가하는 데 있어서도 과정상의 스토리보다는 화려한 결과값이 더 강력한 무기라고 착각하기도 한다. 그에 따라 자연스럽게 '문제를 해결하는 능력'을 기르기보다는 '디자인을 예쁘게 만들어내는 능력'을 키우는 데 더 관심을 갖기도 한다. 그래픽이나 모션 등 비주얼 계통의 디자이너들에게 심미성은 좋은 퀄리티와 직결되는 능력인 것이 사실이다. 그러나 UX 혹은 프로덕트 디자이너라면 문제에 대한 이해, 사용자에 대한 공감을 바탕으로 한 문제 해결 능력에 주요 포커스를 맞춰야 한다. 문제를 해결하는 과정 중에 디자이너는 무엇을 고민했으며 그 고민 끝에 어떠한 결정을 내렸고, 그와 같은 결정을 내리기 위해 무엇을 포기했으며, 어떤 순간에 실패를 인정할 수밖에 없었는지, 실패했다면 무엇을 배웠으며, 다른 분야의 전문가들과 의견을 조율하는 과정에서 무엇을 발견했는지…. 이 모든 과정의 연결이 해당 디자이너의 스토리이며, 이 스토리가 그의 능력을 드러내는 것이다.

함께 일하기:
혼자 일하는 프로덕트 디자이너는 없다

프로덕트 디자이너가 하는 매우 많은 일

모든 디자인은 오로지 디자이너 혼자만의 결과값인가. 절대
아니다. 테크 기업의 프로덕트 디자인이란 굉장히 많은 영역을 커
버하는 직책이다. 실제로 수많은 직종의 전문가가 많은 기업에서
'프로덕트 디자인' 영역에 연계되어 일한다. 리서치를 위해 사용자
를 불러 모으는 리쿠르터, 리서치를 진행하는 UX 리서쳐, 사용자
의 흐름을 파악하고 와이어프레임을 만들어내는 UX 디자이너, 제
품의 표면적인 경험과 그 속에 감춰진 서비스(시스템)와의 연결성
을 디자인하는 서비스 디자이너, 제품의 인터페이스를 담당하는
UI 디자이너, 사용자와 제품과의 상호작용을 디자인하는 인터랙
션 디자이너, 제품의 시각적인 부분을 담당하는 비주얼 디자이너,
글로써 사용자가 이해하기 쉽게 안내하는 콘텐츠 디자이너와 UX

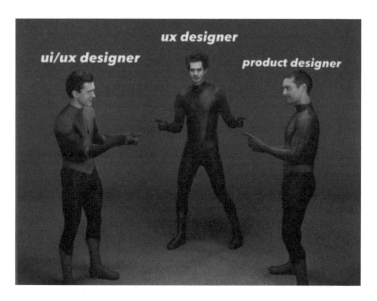

"당신은 누구입니까(Which one are you)?"라는 제목으로 떠돌고 있는 디자이너 구분에 대한 밈
출처: https://www.reddit.com/r/designmemes/comments/tpam3z/which_one_are_you/?utm_source=share&utm_medium=web2x&context=3

라이터, 제품에 쓰일 일러스트레이션을 만들어내는 프로덕트 일러스트레이터, 애니메이션을 만들어내는 모션 디자이너, 정교한 프로토타입을 만드는 프로토타이퍼, 디자인 제작부터 제품 실제 개발의 연결 다리가 되어주는 디자인 테크놀로지스트, 복잡한 디자인 과정을 관리하고 프로젝트가 온전히 마칠 수 있도록 끌어주는 디자인 프로젝트(프로그램) 매니저 등의 전문가들이 문제를 발견하고 전략을 짜는 프로덕트 디자인 과정을 위해 함께 일한다. 위의 분류들은 일단 내가 아는 직군을 모두 나열한 것인데, 미국의 빅테크 회사라도 위 나열된 모든 디자인 직군을 다 뽑지는 않는다. 각

직군끼리도 서로 영역이 겹치는 경우가 많고, 회사에 따라서도 각각의 직군을 다른 의미로 쓰거나 모든 직군을 아예 한 타이틀로 부르는 경우도 많다. 나라마다 다르기도 하다. 미국과 한국만 해도 직군의 타이틀과 의미가 각각 서로 다르게 쓰이는 경우도 많이 찾아볼 수 있다. 다만 프로덕트 디자인이란 이렇게 다양하고 깊이가 있는 전문 분야를 포괄하는 영역이라는 것을 알았으면 좋겠다.

위에 언급했듯이, 프로덕트 디자이너는 문제를 발견하는 데서 출발해 디자인 과정 전체를 주도하며 나아가 제품 개발 전략에도 깊게 개입한다. 따라서 프로덕트 디자이너로 활약하기 위해서는 비즈니스에 대해서도 폭넓게 이해하는 것이 중요하다. 비즈니스 전략의 많은 부분을 PM(기획자)이 담당한다고 생각하지만, 디자이너는 제품에 대한 이해와 사용자에 대한 공감을 바탕으로 비즈니스 전략을 디자인에 반영한다. 내가 한국에서 디자이너로 일할 때(물론 10년도 더 전이라 지금은 많이 바뀌었겠지만), 테크 스타트업의 디자이너란 대부분 UI 디자이너에 가까웠으며 그때 내가 했던 업무는 사용자가 보기 좋은 '스크린'을 디자인하는 것에 가까웠다. 나는 화면을 디자인하는 게 좋았지만, 단지 스크린을 만드는 일을 넘어서 제품 자체에 대해 더 깊게 파고드는 전략을 '결정'하는 일에 대한 갈증이 있었다. 그러나 그땐 그게 무엇을 의미하는지 몰랐다. 생각해 보면 지금의 디자이너와 기획자의 경계 중간 어느 지점의 역할이었는데 2012년의 나는 어떻게 해야 그런 업무를 진행할 수 있을지 잘 몰랐다. 그래서 그에 대한 갈증을 따라 미국으로 건너오고 난 후에야 새로운 세계에 눈뜰 수 있었다.

안녕? 네가 새로 온 디자이너지?

처음 인턴으로 일하기 시작했을 때의 나의 타이틀 명칭은 비주얼 디자이너였다. 당시 나는 한국에서 그랬듯이 스크린만 멋지게 디자인하면 될 것이라 생각했다. 그러나 내가 속한 디자인 팀에서 막상 시작한 일은 내 예상과 달랐다. 사람들은 내게 그동안 생각해보지도 못한 질문들을 던지기 시작했다. PM은 "안녕! 네가 새로 온 디자이너지?"라며 이런저런 사용자 문제점을 정리한 리스트를 가져왔고 나는 예쁜 스크린을 만들어내는 단계보다 훨씬 앞선 제품 개발 초기부터 참여해 많은 '결정'을 내려야 했다. 예전에는 이런 디자인을 이렇게 만들어달라는 요청을 받은 후에야 디자이너로서의 고민이 시작되었다. 대부분 스크린 자체의 비주얼적 요소나 레이아웃, 인터페이스, 각 디바이스 플랫폼에 대한 것이었다. 이제는 제품 자체에 대한 고민은 물론이고 제품을 사용하는 사용자들이 어떤 이들이며 어떤 불편을 가지고 있는지, 사용자 여정의 처음부터 끝까지를 정확하게 이해하고 있어야 했다. 이런 이해를 바탕으로 프로젝트 발전 과정 전반에 깊이 참여하거나 주도해야 했고, 현재 맞닥뜨린 제약사항이 무엇인지를 알고 있어야 했다.

따라서 어떤 부분을 우선시하고 그를 위해 어떤 부분을 수정해야 하는지 결정을 내려야 했다.

특히 내가 속한 팀은 보안과 관련된 곳이어서, 나 혼자 결정할 수 있는 것이 거의 없다시피 했다. 작은 디자인 요소 하나를 고려할 때도 많은 엔지니어와 상의를 거쳐 결정을 내려야 했다. 보안이라곤 1도 몰랐던 초반의 나는 수시로 엔지니어들을 쪼르르 찾아가 질문 공세로 괴롭히곤 했다. 나는 이런 게 너무 재미있었다. 아니, 엔지니어 동료를 괴롭히는 게 재미있었다는 게 아니라, 실생활에서 보안만큼 사용자를 괴롭히는 경험도 없지 않은가. 무엇보다 절대 무시할 수 없는 중요한 분야이기 때문에 디자이너로서 커리어 노다지(?)를 발견한 게 아닌가 하는 희열마저 느꼈다. 사실 디자이너들에게 보안 분야는 어렵고 지루하게 느껴질 수 있었지만 동시에 아주 그냥 사용자 불편이 샘솟듯이 쏟아지는 마법의 샘물이라고 해야 할까… 절대 사용자 컴플레인이 마르지 않는…(음, 왜 눈가가 촉촉해져 오는지는 모르겠지만) 여기까지만 하겠다. 예를 들어 액티브X(ActiveX)의 시대가 갔다고 해도 여전히 한국에서 금융 서비스를 사용하려면 한숨부터 나오는 게 사실이다. 특히 나처럼 한국 전화번호가 없어 인증이 불가능한 경우는 말할 것도 없고, OTP 보안 코드나 공동 인증서를 등록하는 과정에서 미국 아마존 인터넷 결제보다 훨씬 번거로운 것이 사실이다. 아무튼 그래서 너무 재미있었다. 제품 개발 초기부터 새로운 지식을 공부하고 리서치를 병행하는 과정에서 제품과 사용자를 깊이 이해할 수 있었고 이러한 이해를 바탕으로 구성원들과 함께 토론하고 결정을 내리는 모든 과정이 진심으로 즐거웠다.

　프로덕트 디자이너는 개발 초기 단계에 투입되는 만큼 비즈니스 전략도 함께 고려해야 한다. 물론 사용자의 필요를 충족하는 제품을 만들기 위해 디자이너로서의 모든 문제 해결 능력을 동원해야겠지만, 공기업이 아닌 이상 이익을 창출하는 디자인을 고민하는 것도 무척 중요한 일이다. 이익 창출이라고 하면 일단 광고를 수주하거나, 서비스에 유료 과금을 책정하는 사례를 떠올릴 수 있다. 예를 들자면 e-커머스 앱이나 검색 플랫폼에서 프로모션을 받은 비즈니스 배너를 더 눈에 띄게 배치하거나 노출에 우선권을 부여하는 형식의 광고가 있을 수 있다. 이런 경우에는 비즈니스, 즉 광고주도 서비스의 사용자가 될 수 있다. 광고라는 게 대다수 사용자에게 불편함과 지긋지긋한 마음을 안기기 때문에 광고에 매달리다 보면 자낳괴(자본주의가 낳은 괴물)가 되는 허탈함을 느끼기도 한다. 하지만 심지어 광고에 있어서도 사용자의 만족도를 향상시킬 수 있는 디자인적 요소가 아주 많다. 디자이너는 매끄러운 사용자 경험을 제공함으로써 사용자의 목적을 신속하게 성공적으로 이루도록 도울 수 있다. 그 결과 사용자가 그 제품을 다시 찾게 하고 그 만족스러운 경험이 주변인 추천으로 이어지기도 한다. 무료 버전을 만족스럽게 쓴 사용자가 유료 버전으로 전환하거나, 서비스 구독을 신청함으로써 제품 수익을 창출하기도 한다. 나아가 조직의 자원을 효율적으로 사용하게 함으로써 낭비를 줄이고 이익을 극대화할 수도 있다. 한 예로 디자인 업그레이드를 통해 사용자가 겪던 불편이 해결되면 그 문제를 상대하던 소비자 상담 센터의 콜이 줄어들어 회사가 그만큼의 비용을 아낄 수 있다. 이런 식으로 디자이너가 사용자가 겪을 불편함을 찾아내고 해결하면, 결국 제품의 수익에도 반영이 되는 것이다.

A/B테스트 사례

위의 사례로 나열한 디자인의 영향력은 대부분 측정이 가능하다. 프로덕트 디자이너는 제품 개발에 들어가기 전 전략을 수립하는 단계부터 PM, 데이터 분석가들과 소통하며 개발 우선순위를 결정한다. 각종 변수를 제외했을 때 투입되는 비용에 비해 영향력이 큰 프로젝트를 먼저 진행하는 식이다. 그리고 개발 초기 단계에 들어가면서는 이번 디자인 프로젝트의 성공을 어떤 기준으로 측정할지 고민한다. 기본적인 몇 가지 지표를 정한다. 이 지표를 KPI(Key Performance Indicator, 핵심평가지표)라고 한다. 이렇게 정해진 지표를 기준으로 삼아 A/B 테스트를 진행할 수 있다. A/B 테스트란 말 그대로 기존의 디자인 대조군인 A안과 이와 다른 변수를 가진 실험군인 B안을 같은 비율로 실제 사용자들에게 노출시

가상 여행 플래닝 서비스의 빌링 확인 페이지 디자인 A/B 테스트 사례

기존	테스트

기존

샌디에이고 3인 가족 2박 3일 플래닝
with 김여행 코디네이터

투어 시작일 ⟷ 투어 종료일
2023/03/26　　　　　　2023/03/28

숙박	$380
가이드 투어 x 2일	$60
샌디에이고 동물원 입장료 x 3인	$150
렌트카	$150
코로나도 섬 유람선 투어	$40
Total	$780

예약하기

테스트

샌디에이고 3인 가족 2박 3일 플래닝
with 김여행 코디네이터

투어 시작일 ⟷ 투어 종료일
2023/03/26　　　　　　2023/03/28

예약하기

숙박	$380
가이드 투어 x 2일	$60
샌디에이고 동물원 입장료 x 3인	$150
렌트카	$150
코로나도 섬 유람선 투어	$40
Total	$780

평가 지표:

전환률 ('예약하기' 버튼의 클릭 수)

테스트 가설:

메인 액션인 '예약하기' 버튼의 위치를 빌링 상단에 위치시켜 가시성을 높인다면 더 많은 클릭 수를 유도할 수 있을 것이다.

테스트 진행:

사용자 그룹을 50/50으로 나누어 각각 기존 디자인과 테스트 디자인을 노출시키고 14일간 데이터를 관찰한다.

테스트 결과:

테스트 버전이 10% 더 높은 전환률을 보였으므로 기존 디자인을 테스트 버전으로 대체한다.

키고 어떤 안이 성공 지표에 더 가까운지 관찰하는 방법이다. 예를 들면 버튼이 왼쪽에 위치한 기존 안과 버튼을 오른쪽으로 옮긴 새로운 안을 동시에 노출시키고 어느 쪽 디자인에서 사용자들이 얼마큼 더 빨리, 많이 반응하는지 데이터로 확인하는 것이다. A안과 B안 모두 실제 서비스되고 있는 제품에 노출되므로 프로토타입을 통한 테스트보다는 들어가는 비용이 높다고 할 수 있다. 하지만 프로토타입은 실제 작동하는 제품이 아니기 때문에 테스트의 한계점도 분명하다. A/B 테스트는 이보다 훨씬 많은 수의 사용자들을 대상으로 확실하고 정밀한 데이터를 뽑을 수 있어 여러 가지 디자인 안에 대한 최종 결정에 큰 도움이 된다. 특히 새로운 디자인을 '짜잔!' 하며 한 번에 론칭하기보다는 A/B 테스트를 통해 사용자들의 반응을 미리 알아보는 것도 도움이 된다. 새로운 디자인이 성공하든지 실패로 끝나든지, A/B 테스트를 함께 진행한다면 왜, 어떻게, 얼마큼 성공했는지, 혹은 실패했는지 확인할 수 있어 이후 버전을 기획하는 데 기여할 수 있다.

한때 수포자로 살았던 과거 행적에도 불구하고, 프로덕트 디자이너가 된 후에는 숫자와도 아주 밀접해졌다. 일단 서비스에 대한 전체적인 지표가 어떤지, 이전 버전에 비해 얼마만큼 지표가 좋아졌는지, 이로 인한 비즈니스상의 이익과 손실이 어떤지, 모든 결과는 숫자로 가감 없이 보여진다. 이를 아주 가까이에서 관찰하며 왜 이런 숫자가 나타나는지 매일같이 분석하는 일도 프로덕트 디자이너의 주요한 업무이다. 디자인의 결과값을 측정 가능하게 만들었다는 점에서 데이터는 프로덕트 디자이너에게 굉장히 중요한 정보이다. 시각 디자인을 공부하던 대학생 때만 해도 어떤 디자인이 멋지다, 좋다, 아름답다, 나쁘다, 별로다 등등의 평가를 받거나 할 때 '왜' 이런 평가를 내리는지 설명하기 힘들었다. 물론 게슈탈트 이론°처럼 이미 보편화된 기준에 근거하여 평가할 수 있겠지만, 프로덕트 디자인의 경우 이보다 훨씬 명쾌하다. 정확한 수치에 근거한 평가 기준이 있는 것이다. 처음에는 데이터를 기반으로 한 디자인 측정법이 존재한다는 것이 아주 새로웠다. 한때 수포자였던 내가, 수치를 섞어 디자인에 대해 말할 때면 좀 더 똑똑해 보이는 것 같은 기분에 사로잡혔던 것도 사실이다. 하지만 어디까지나 농담에 가까운 감상으로, 데이터 기반의 평가가 내게 정말 도움이 된 이유는 데이터를 기반으로 디자인 전략을 짤 수 있었기 때문이다. KPI라는 메인 지표를 기준으로 삼아, 데이터의 변화를 관찰하며 문제를 추적하기 시작했다. 제품 곳곳에 다양한 장치를 매복해놓고, 어떤 지점에서 사용자들의 흐름이 끊기고 실수를 일으켜 에러를 발생시키는지, 혹은 현재 스크린 요소들이 예상대로 클릭 수를 이끌어내고 있는 것인지, 아니면 그 반대인지를 면면이 관찰하다 보면 '왜 이런 데이터가 나왔을까'라는 고민을 하지 않을 수

° 게슈탈트(Gestalt)란 형태나 형상을 뜻하는 독일어로, 인간이 사물이나 형상을 인식할 때 어떤 작용이 일어나는지를 구체적인 기준에 의해 설명하는 이론이다.

없게 된다. 자연스레 리서치 등을 활용해 이 '왜'를 추적하다 보면 '이렇게 해볼까?' 하는 다른 방향의 가설이 세워지고, 이에 대응하는 다양한 문제 해결 방법을 통해 해결책을 찾아내게 된다. 이 과정의 결과를 반복해서 업데이트 하다 보면 제품 역시 발전하게 되는 것이다.

물론 나 혼자서는 아무것도 할 수 없다. 내가 아닌 '우리'가 함께 만드는 것이다. 한국에서 미술대학 학부를 다닐 때는 디자이너가 모든 과정의 전부였다. 그런데 졸업 후 알고 보니 디자이너는 그냥 한 점에 불과했다. 수많은 다른 점들과 함께 일할 때에야 결국 선 하나를 그을 수 존재라는 것을 깨달았다. 그러나 다른 많은 직군과 함께 일하는 것은 물론 쉽지 않다. 모두가 다른 사람이기 때문이다. 특히 회사라는 조직에선 각기 다른 관점을 가지고 있는 다른 역할의 전문가들과 수시로 이해관계가 상충될 수밖에 없다. 이때 디자이너로서 가장 빛나는 역할이 있다. 바로 소통이다. 우리 디자이너들은 공감력을 바탕으로 다양한 직군의 목표와 관점을 이해하며 소통해야 한다. 결국 우리 모두는 사용자라는 하나의 목표를 바라보며 제품을 만드는 사람들이 아닌가.

아마도 다음의 아프리카 속담이 이 순간 가장 적절한 충고가 되지 않을까 한다.

"빨리 가려면 혼자 가라. 그러나 멀리 가려면 함께 가라."

폭발적으로 성장하기:
너와 나, 회사와 개인 모두의 성장이 맞물릴 때

성공은 유기적인 것

우리는 모두 '일잘러(일 잘하는 사람)'가 되고 싶다. 한국 드라마만 보더라도 주인공들은 웬만하면 일잘러다. 고작 신입으로 들어와서 대형 프로젝트를 팡팡 성공시키고 회장님께 능력도 인정받아 그들의 자제분들과 사랑에 골인하기까지 한다. 나도 디자이너로서 멋진 일잘러가 되고 싶었다. 중요한 미팅 자리에 나갈 때면 마치 드라마의 한 장면처럼 청춘이 활개 치는 느낌의 배경음악이 흘러나오며 당당하게 발표하는 내 모습을 떠올리곤 했다. 상상 속의 내 발표를 본 한 임원이 만족스럽게 고개를 끄덕이며, '그래, 저 친구를 내 후계자로 삼겠어.' 내레이션하는 상상도 몇 번이나 해보았다. 그러나 언제나 상상만으로 끝난다. 우리에게 그런 드라마 같은 일은 일어나지 않는다. 대신 정말 멋진 회사라면 모든 직원이 그냥 '일잘러'가 아닌 다양한 모습으로 성장할 수 있도록 돕는다. 직원들의 성공이 곧 회사의 성공이라는 것을 아는 회사가 정말 있다. 아니, 아주 많다.

한국에서 작은 스타트업에 다닌 경험이 전부인 나로서는 한국 기업들의 위계 체계에 대해 아는 바가 없긴 하다. 하지만 보통 승진을 하면서 관리직을 맡는 것이 일반적으로 보인다. 연차가 쌓이고 프로젝트를 잘 마치다 보면 어느새 부하 직원을 거느리며 팀을 이끄는 매니저가 되는 것이다. 본인이 매니저 업무에 크게 관심이 없고 프로젝트의 전문가 역할만 맡고 싶더라도 승진을 하려면 관리직을 맡아야 하는 것이 필수이다. 그러나 미국의 많은 실리콘밸리 기업들은 커리어를 쌓는 방식이 한국과 조금 다르다. 회사마다 다르지만, 내가 속한 회사를 포함한 많은 회사들이 관리직(manager)과 전문직(independent contributor)의 커리어를 가른다. 그래서 관리직의 길을 선택한 사람의 주 업무는 팀이 성장하고 직원들이 행복하게 일하며 일의 능률이 오르게끔 돕는 것이고 전문직의 길을 선택한 사람은 경험과 전문 기술을 더 키워 프로젝트의 성공을 이끄는 것이 주 업무이다. 회사마다 다르지만 이 두 트랙은 각각 평등한 레벨에 따라 직급이 나뉠 뿐 이 두 직군 간의 승급 차별은 거의 없다. 만약 내가 다른 직원을 코치하고 성장할 수 있도록 돕는 일에 보람을 느낀다면 매니저 일이, 내 전문 분야를 갈고 닦는 일에 보람을 느낀다면 전문직이 맞다. 새로운 방향에 도전했

3장. 프로덕트 디자이너가 되다

다가 나와 맞지 않는다는 것을 깨달은 후 다시 원래 트랙으로 돌아올 수도 있다. 그래서 실리콘밸리에는 부하 직원을 두고 관리직으로 올라가 스트레스를 받는 대신 정년까지 좋아하는 코딩을 하거나 디자인 전략을 짜는 이들을 흔히 볼 수 있다.

직원들은 매니저와 일주일에 한 번씩 1대 1로 미팅을 하며 업무 관련뿐 아니라 다른 여러 가지 대화를 나눈다. 매니저는 이런 1대 1 미팅을 통해 직원들이 당면하고 있는 어려운 상황을 파악하고 각자의 문제가 잘 처리되도록 길을 터주며 이들을 이끌어주는 역할도 한다. 그래서 직원들의 성공이 곧 매니저의 성공이기도 하다. 직원들의 성공이란 무엇을 말하는 것일까. 처음에 나는 내 프로젝트의 성공을 의미하는 것이라 생각했다. 그런데 알고 보니 나의 성공은 프로젝트의 성공만을 일컫는 것이 아니었다. 프로젝트가 성공하든지 실패하든지, 이 과정을 통한 성장이 곧 나의 성공이었던 것이다. 그래서 매니저와 매주 1대 1 미팅 외에도 한 달에 한 번씩 만나 목표가 진척되는 상황을 함께 확인한다. 신년 업무가 시작되면 회사 내의 CEO를 포함한 모든 직원이 앞으로 1년 동안 이룰 목표를 공유하게 되는데, 이때 내 업무상 목표와 함께 개인적인 목표도 세운다. 따라서 매니저는 일의 진척 상황뿐만 아니라 나의 개인적인 성장이 얼마나 목표치에 가까워졌는지 함께 확인하며 내 목표치에 더 가까워질 수 있도록 돕는다. 그렇게 직원이 내외부의 목표를 달성해나가며 맡는 일의 영역이 확장됨으로써 결과적으로 팀의 몸집도 불려나가는 것이 매니저의 역할이다. 그렇게 직원과 회사는 함께 성장하는 것이다.

너의 성장이 나의 성장이라는 믿음

나의 성장에 가장 큰 양분이 된 것 중 하나는 단언컨대 피드백이다. 많은 실리콘밸리 기업들이 동료 평가(Peer Feedback) 시스템을 갖추고 있다. 주기적으로 피드백을 줄 수도 있지만 보통 연말 평가에 맞춰서 일 년 동안 나와 함께 일한 동료들에게 피드백을 부탁한다. 이렇게 모인 피드백이 내 연말 평가 자료로 중요하게 쓰인다. 피드백을 받는다고 생각하면 왠지 내가 그동안 못했던 부분에 대해 지적받고 혼나는 게 아닌가 하고 두려울 수도 있다. 그렇지 않다. 이곳에서 "피드백은 선물이다"라는 말을 참 많이 들었다. 왠지 "다 너 좋으라고 하는 소리야"류의 잔소리꾼 상사의 말 같지만 그렇지 않다. 잔소리는 대부분 상대방에 대한 지적으로 주를 이루거나 명령형으로 이루어져 있는 데 반해 이곳에서의 동료 평가는 상대방의 발전을 위해 진심으로 고민한 내용을 잘 포장하여 전달하는 느낌이다. 그래서 남을 위한 피드백을 작성하는 쪽이 내가 피드백을 받는 것보다 훨씬 어렵다. 특히 내가 성장하며 겪은 한국은 피드백을 자연스럽게 주고받는 문화가 아니었기도 하고 영어가 내 모국어가 아니었기에 혹시라도 피드백의 내용이 잘못 전달될까

3장. 프로덕트 디자이너가 되다

봐 남들보다 피드백 작성에 배의 시간을 들였다. 피드백을 줄 동료와 관련해 평소에 인상 깊은 일이 있을 때마다 노트해두면 이후 피드백을 구체적인 사례와 함께 줄 수 있어 도움이 되었다. 피드백을 어떻게 쓰기 시작할지 애매할 때는 회사의 핵심 가치를 기준으로 두고 작성하면 그나마 쉬웠다.

피드백 문화에서 또 한 가지 인상 깊은 점은 피드백의 긍정성이었다. 보통 피드백을 작성할 때, 일단 상대의 장점과 칭찬할 일을 적는다. 사실 장점은 오히려 쓰기도 쉽다. 그럼 그 후에는 단점을 쓰겠지? 천만의 말씀이다. 그다음 작성해야 할 것은 상대방의 '단점'이 아닌 '기회'이다. 무슨 말이냐면 피드백을 주는 데 있어 피드백을 받는 사람이 고쳐야 할 '단점'이 아닌, 그가 가진 '기회' 요인을 전달하라는 것이다. 혹은 '이 사람에게서 더 보고 싶은 모습'이라고도 표현하기도 한다. 나는 이걸 보고 머리를 한 대 맞은 듯 띵해졌다. 사실 단점을 기회라는 표현으로 포장한 것일 뿐 단순한 말장난이라고 여기는 이도 있을 수 있다. 하지만 이 작은 차이가 피드백의 관점을 바꿈으로써 단점을 지적하는 데서 그치지 않고 이 단점을 어떻게 발전시켜 나갈지 긍정적이고 미래지향적인 피드백을 줄 수 있도록 유도한다. 받는 이의 입장에서 생각하면 이런 식의 피드백을 통해 내 부족한 부분을 공격당해 상처받기보다는 내가 더 성장할 수 있는 기회로 여기고 피드백의 내용을 행동으로 실천하기가 훨씬 쉬워진다.

정직원으로 첫 1년을 보내고 나에게도 동료 평가의 시간이 찾아왔다. 미국 회사에서 정직원으로서 적응하는 일은 쉽지 않았다. 학교에서는 같은 유학생이 많아 서로 안 되는 영어로 어떻게든 대화를 이어나갔는데, 직장에서 내가 일하게 된 팀은 직원 대부분이 영어가 모국어이거나 매우 능숙한 이들이었고 초기에는 대화 속도가 빨라 내용을 따라가는 일도 힘들었다. 내가 모르는 전문용어가 넘쳐났고 그럴수록 주눅이 들었다. 괜히 내 의견을 말했다가 잘 모르는 주제에 아는 척한다고 한심하게 볼 것 같은 생각에 회의 중에는 말없이 있다가 회의가 끝나고 혼자서 되뇌기를 반복했다. 이렇게 보낸 1년 후 내 피드백에는 이런 말들이 있었다. "아림은 많은 생각을 속에만 담고 있는 것 같아요. 그녀의 멋진 생각을 함께 듣고 싶어요." 분명히 나의 단점을 언급한 것이지만 신기하게도 이 피드백을 보고 나는 자신감이 생겼다. 그렇다, 나는 이 팀에 당당히 디자이너로서 참여하고 있는 것이고, 그들은 나를 존중하고 내 관점을 듣고 싶어 한다는 것을 깨달은 것이다. 피드백 이후에는 회의에 더 적극적으로 참여하고 내 의견을 나누기를 주저하지 않았다. 팀원들은 내가 아는 척한다고 비난하기는커녕 오히려 나의 관점과 생각을 들려주는 것을 고마워했다. 프로젝트는 더 성공적으로 마칠 수 있었으며 그다음 해 피드백에는 나의 변화를 언급하며 긍정적인 발전을 응원하는 글이 가득했다.

앞에서 언급했듯이 프로젝트에서 디자인의 성공은 데이터 수치와 성과 지표로 측정할 수 있다. 그럼 업무가 아닌 디자이너의 개인적인 성장은 어떻게 확인할 수 있을까? 개인적인 성장이란 사람에 따라 아주 다양한 의미로 다가올 수 있겠지만 많은 경우 아마 리더십의 함양을 개인적 성장의 목표 중 하나로 꼽을 수 있겠다. 리더십은 수치로써 쉽게 나타낼 수 있는 것은 아니겠지만 굳이 따지자면 동료들에게 받는 긍정적인 피드백을 참고하여 대략 가늠할 수 있다. 그런데 피드백 외에도 실리콘밸리의 많은 테크 기업이 리더 역할에 중요하게 책정하는 지표가 있다. 바로 영향력이다. 디자이너로서 맡은 일에 주인의식을 가지고 자율적으로 문제를 발견해 이 문제를 해결하기 위해 프로젝트를 이끌어냈는가? 이 과정에서 함께 일하는 크로스펑셔널 팀cross-functional team°의 영감을 자극하고 의미 있는 변화를 만들어내는가? 나만 알고 있는 것, 나만 배운 것을 큰 그룹과 함께 나눌 준비가 되어 있는가? 업무 외에도 내가 믿는 가치를 위해 회사 내 커뮤니티에 기여하고 의미 있는 활동을 이끌어내려 하는가? 등의 질문들은 단지 성과를 잘 내는 것만이 디자이너의 성공이 아니라는 것을 명확하게 보여준다.

리더십을 평가하는 데 있어 주요 항목 중 하나인 영향력은, 회사 내에서의 경험 외에 회사 외부의 활동도 포함된다. 여기서 중요한 포인트는 나의 지식과 경험을 더 큰 세상과 나누어 좋은 방향

° 서로 다른 전문 영역의 전문가들이 한데 모인 프로젝트 중심의 팀으로 예를 들어 PM, 디자이너, 엔지니어로 구성된 조직을 말한다.

으로 영향을 끼치는 데 있다. 한국의 '브런치'와 같은 미디어 플랫폼 '미디엄'에 글을 기고하거나, 앞서 언급한 그레이스 호퍼 셀레브레이션같이 크고 작은 콘퍼런스에서 발표를 하고 영감을 나누거나, 멘토링에 지원하고, 프로그램을 만들어 학생들을 가르치거나, 나의 디자인 실력을 이용해 내가 추구하는 가치를 실현할 수 있는 곳에 적극적으로 기여하기도 하고, 심지어 블로그나 유튜브 채널을 만들어 지식을 공유하는 등의 모든 활동이 포함된다. 결국은 나만 잘난 디자이너보다는 다수와 소통하며 함께 배우고 성장하려는 자세를 가진 자들을 리더십을 갖춘 디자이너라고 보는 것이다. 이런 문화 때문에 그룹의 리더들이 아무리 바빠도, 인턴 나부랭이들이 멘토링이나 소통을 요청하면 두말없이 시간을 내어주는 것이었다. '나 정도 주제에 누굴 가르치겠어, 아직 나도 갈 길이 한 참 먼데.' 하는 생각, 나도 했었다. 내 할 일도 바빠 죽겠는데, 남 진로 고민 들어줄 시간 같은 여유도 없었다. '별것도 없는데 괜히 나선다'는 소리를 들을까 봐 남들 앞에 나서기도 너무 두려웠다. 그러나 나도 이제는 생각을 바꿨다. 나 혼자 공부할 때보다 친구가 모르는 부분을 가르쳐주면서 공부할 때 내 실력도 느는 것처럼, 나혼자 빨리 가는 것보다 함께 멀리 가는 일이 결과적으로 성장하는 일이라는 믿음이 생겼다.

3장. 프로덕트 디자이너가 되다

4장.

디자이너와 사용자
모두가 행복한 디자인

샌디에이고에서 달라진 디자인의 가치들

무엇을 위해서 일하는가

삶이 행복하지 않은데 일이 행복할 수는 없다

누군가가 "당신은 무엇을 위해 일하는가?"라고 엄중히 묻는다면 나는 묻는 이에 따라 세 가지 다른 답변을 할 것이다. 묻는 이가 나 자신이라면 "당근 돈이지."라고 답할 테고, 친구나 가족이 묻는다면 "워라밸 좋은 회사에서 탄탄한 복지를 누리면서 마음 편히 일하는 게 최고지."라고 답하겠으며, 내가 입사하려는 회사의 채용 담당자에게라면 "회사의 가치와 회사가 추구하는 바에 기여하며 성장하기 위해서."라고 답하겠다. 농담식으로 말했지만 이세 가지는 어떤 상황이든, 누가 묻든 간에 나로 하여금 일하게 만드는 가장 중요한 부분이다. 일단 돈에 대해 말해보자면, 돈은 살아가는 데 필요한 기본적인 의식주를 해결하기 위해 없어서는 안될 도구이다. 적당한 통장 잔고는 마음의 안정을 가져다주고, 가

꿈은 나 자신에게 작은 사치를 선물할 수 있는 여유도 누리게 해준다. 여행을 좋아한다면 여행을 가고, 차를 좋아한다면 좋은 차를 살 수 있다. 이런 큰 투자까지 가지 않더라도 집안일이 고될 때 음식을 시켜 먹거나 청소 서비스를 쓰거나, 혹은 비 오는 날 대중교통 대신 택시를 타고 편히 갈 수 있는 정도의 여유도 돈이 안기는 달콤함이다. 우리 모두가 알고 있듯이 돈은 모든 문제를 해결해줄 수 없고, '어느 정도 이상'의 돈은 행복의 크기를 키우는 데 더는 도움이 되지 않는다는 연구 결과도 있다고 한다. 그래서 '더 많은 돈'을 위해 일한다기보다는 '내 삶의 욕구를 적당히 충족시켜줄 수 있을 만큼의 돈'을 위해 일한다고 못 박아두겠다.

실리콘밸리의 거대 테크 기업들은 인재 영입에 엄청난 돈을 쓰는데, 한 번은 직원끼리 모여 누구는 얼마 받고 어디 갔다더라, 이번에 온 신입은 이만큼 받는데 나는 이만큼밖에 못 받는 걸 알았다 하는 말들이 돌았다. 이런 분위기에 한번 휩쓸리면 굳이 '돈을 위해서'가 아니더라도 '나도 저만큼 받을 자격은 되는 거 아냐?' 하는 마음으로 더 많은 돈을 받기 위해 일하게 된다. 하지만 스파이더맨의 유명한 좌우명처럼 '큰 돈에는 큰 책임이 따르는 법(농담이다. 실제로는 '큰 힘에는 큰 책임이 따르는 법'이다).' 책임이 커질수록 성과 압박도 커질 수밖에 없다. 승진의 기쁨 뒤엔 새벽부터 밤늦은 시간까지 하루 종일 참석해야 하는 화상 미팅이 기다리고 있다. 이들이 자신을 돌볼 시간은 점점 사라지고, 재택근무가 일상화된 분위기에서는 오히려 집과 회사의 경계가 없어져 워라밸의 기준도 아슬아슬해진다. 회사 사무실에서 즐기던 각종 공짜 식사와 놀이 공간 등의 복지 공간은 과거 얘기가 된 지 오래였다. 팬데믹 초기에는 여기저기서 레이오프layoff° 소식에 다들 마음이 불안해지고 전 세계의 숨통을 틀어막은 질병이 언제까지 이어질지에 대한 공포가 모두의 멘털을 옥죄고 무기력하게 만들었다. 직원들은 지쳐갔고 하나둘씩 번아웃 증상을 호소하기 시작했다.

나도 팬데믹 시기를 맞은 재택 근무 당시 많이 힘들고 우울했다. 특히 초반에는 밖에 나가는 것도 삼가고 방 하나짜리 집에 틀어박혀 종일 혼자 일하다가 스트레스가 심해지면 TV를 보는 게 고작이었다. 내가 '집에서도' 열심히 일하는 일꾼이라는 것을 어필하기 위해 자리를 떠나지 않고 마치 내 자신이 인터넷 네트워크의 일부인 마냥 알람이 뜨면 광속으로 확인하고 답변을 보내느라 바빴다. 미팅 하나가 끝나면 클릭 한 번 만에 다음 미팅으로 건너갔다. 자리에서 일어나 스트레칭을 할 시간은커녕 정작 내 일을 할 시간도 모자라 미팅을 하는 대부분의 시간 동안 멀티태스킹이 필수였다. 이런 환경에서 일의 능률이 올라갈 수가 없었다. 일의 능률이 떨어지니 마음은 더 조급해지고 나 자신을 탓하기 시작했다. 심지어 이때 내가 살던 집 바로 옆에서 경전철 공사가 진행 중이었는

° 조직의 규모를 줄이고 예산을 감축하기 위해 진행하는 구조조정의 일환으로 영구적인 해고를 말한다.

데, 이 공사를 밤에 진행하던 탓에 잠마저 제대로 잘 수 없었다. 몰려드는 스트레스와 피로를 풀지 못해 판단력이 흐려지고 눈에 띄게 몸이 약해지는 것을 느꼈다. 이때쯤이었던 것 같다. 나에게도 번아웃이라는 무서운 그림자가 드리운 게.

번아웃이 무서운 이유는 일할 동기를 잃고 만사가 귀찮은 상태가 되어버리기 때문이다. 모든 직장인에게 귀차니즘은 디폴트로 장착된 것 아닌가 하겠지만, 번아웃이란 사실 귀찮음보다는 무기력증에 가깝다. 일이고 뭐고 전혀 할 기력이 없는 것이다. 아무것도 하기 싫고 할 수 있을 것 같지도 않다. 나의 번아웃은 가면 증후군과 함께 찾아왔다. 가면 증후군이란 본인의 성취나 노력을 평가 절하하며 아무것도 아닌 내 정체가 남들에게 탄로날까 봐 두려워하게 되는 증후군이다. 번아웃과 가면증후군으로 인해 더 이상 일이 재미있지 않았고 내가 도대체 왜 일하는지에 대한 회의감이 찾아왔다. 비대면으로 일하게 되어서인지 팀원들도 모두 멀어진 느낌이었고 이전까지 넘치던 자신감도 무너져버렸다. 예전에는 일이 진심으로 즐겁고 신나서 출근 시간이 기다려질 때조차 있었는데, 어느새 '일하기 너무 싫다', '아무것도 하기 싫다' 하는 말을 매일같이 달고 살게 되었다. 그렇게 하루하루 정신적으로 지치고 우울하던 와중에 백신 접종과 함께 미국 전체가 조금씩 코로나 이전의 활기를 되찾고 있었다. 이때에서야 나도 점점 세상 밖으로 나와 이전의 활력을 되찾은 듯했다.

여기에는 많은 부분 회사의 도움이 있었다. 같은 시기, 나 외에 많은 직원이 비슷한 이유로 힘들어하고 있었다. 직원들의 번아 웃은 결국 생산성 저하와 인재 탈출로 이어지기 때문에, 회사로서도 직원들의 정신 건강과 삶의 질 개선을 위해 노력해야 했다. 내가 일하던 회사에선 직원들의 멘털이 지쳤을 때 전문가 상담을 받을 수 있도록 테라피 서비스를 지원했다. 그리고 휴가나 병가처럼 기본적으로 쓸 수 있는 유급휴가(Paid Time Off) 외에도 1년에 2주라는 보충 병가를 더 얹어주었다. 이 보충 병가는 굳이 신체적으로 아프지 않은 경우라도 정신적으로 지쳐 휴식이 필요하다고 느낄 때에 언제라도 쓸 수 있었다. 7월 독립 기념일 주간과 12월 연말은 아예 일주일간 회사 전체가 문을 닫았다. 회사 전체가 문을 닫으니 정말 마음껏 휴가를 보낼 수 있었고 돌아와서 넘치는 이메일을 확인하느라 하루를 다 보낼 일도 없었다. 가장 중요한 것은 휴가를 쓸 때 눈치 볼 일이 없다는 것이다. 지난 해 한 달 휴가를 내고 3년 만에 한국에 들렀는데, 어쩔 수 없는 사정이 생겨 한 달을 더 연장해 총 두 달 하고도 한 주를 쉰 일이 있다. 예상치 못한 긴 공백으로 미안한 마음에 어쩔 줄 몰라 하는 내게 매니저가 영상통화로 단호히 말했다.

"걱정하지 마세요. 이 휴가는 아림 씨가 열심히 일해서 번 것이니 맘껏 쉬세요."

그렇다. 그동안 내가 모아온 내 휴가이고 내 권리였던 것이

4장. 디자이너와 사용자 모두가 행복한 디자인

다. 마찬가지로 나와 함께 일하는 팀원이 긴 휴가를 내는 경우에도, 그의 일을 나누는 것이 함께 일하는 팀원으로서 당연한 일이다. 이곳에서는 아무도 자리를 비운 사람을 비난하지 않는다. 그래서 누구든지 휴가도, 병가도, 출산휴가도 마음 놓고 사용한다. 그렇게 걱정 없이 자신의 시간을 맘껏 즐기고 가족을 돌보고 재충전한 후에 돌아올 수 있는 것이다.

사회에 긍정적인 기여를 하고 있다는 효능감

일에 대한 나의 태도도 바뀌었다. 몸이 건강해야 정신이 건강하다는 말처럼, 내가 더 건강할 수 있는 환경을 만들려고 노력했다. 조용한 동네에 위치한 조금 더 넓은 집으로 이사도 가고, 매일 아침마다 요가를 시작하고, 조금 더 많이 걷고, 건강한 음식을 챙겨 먹으려 노력했다(건강식이 내 스트레스를 감당하기에 조금 버거울 때마다 불량한 식품들의 지원을 아주 조금 받을 때도 있었다). 무엇보다 중요한 것은 '나'를 먼저 챙기는 것이었다. 그렉 맥커운Greg McKeown의 책 《에센셜리즘Essentialism》에는 이런 말이 나온다. "내가 나를 우선순위에 두지 않았더니, 다른 이들이 내 우선순위를 가져갔다." 내 삶에서 가장 소중한 존재는 바로 내가 아니던가. '나'를 잃고 방황하며 우울에 빠진 이들을 얼마나 많이 보아왔던가. 이럴 때 무엇보다 필요한 스킬이 있다. 바로 "노(No)."라고 답할 수 있는 능력이다. 이 한마디가 뭐라고, 이 말 한마디 하기가 그렇게 힘들다. 위계 서열이 분명한 한국 문화에서 자란 이들은 특히 상사나 클라이언트의 요청에 '노'라고 답하기가 정말 쉽지 않다. 나도 마찬가지이다. 누군가를 실망시킬 수 있는 상황을 피하기 위해 일단 수락하다 보면 결국 내 개인 시간을 써야 함은 물론이고 한 번에 너무 많은 일을 처리하기에 결과물의 퀄리티가 떨어질 수도 있다. 그렇게 되면 오히려 더 큰 실망감을 초래한 채로 일을 끝마치기 쉽다.

적재적소에서 자신 있게 '노'를 외치기 위해서는 우선순위를 잘 설정하는 것이 중요하다. 가치가 높은 일일수록, 제한 시간 안에 처리해야 하는 일일수록, 저비용 대비 큰 임팩트가 있는 일일수록 우선순위를 당겨야 하며 조금 뒤로 미룰 수 있는 일인지에 대한 판단도 내려야 한다. 그리고 이 우선순위에 기반하여 낮은 우선순위의 일들은 거절하는 트레이드 오프trade-off 형식으로 선택과 집중을 해야 한다. 물론 요청을 거절하기란 쉽지 않지만, 트레이드 오프에 대한 이해를 바탕으로 요청자를 설득할 수 있다. 나는 가끔 내가 할 수 있는 일보다 더 많은 일이 주어질 때 현재 내 업무량과 주어진 시간 등에 대한 예를 들며 거절한다. 일을 거절할 때는 데드라인 등이 재조정 될 수 있는지를 물어 차후 소통 가능성을 열어두거나, 간단한 대안 등을 제시한다. 대부분은 이를 이해하고 받아들이며 심지어 내 정직한 거절에 감사를 표하는 경우도 많았다. 물론 항상 이런 거절이 통하지 않을 때도 있다. 직장 상사가 서슬 퍼렇게 노려보며 일감을 던져주면 나도 모르게 "예스(Yes)"라고 말할 수밖에 없을 것이다. 이런 식으로 많은 일을 떠맡게 된 결과 내개인 시간이나 가족과의 시간을 회사 일과 트레이드 오프하게 된다면, 나는 결국 사랑하는 이와 내 소중한 시간을 낮은 우선순위에 두고 이들에게 "노"를 외치게 되는 것이다. 물론 현실적으로 어쩔 수 없을 때가 많다는 것을 알고 있다. 다만 내가 무엇을 트레이드 오프하고 있는지 인지하고 장기적으로 예스와 노의 밸런스를 맞춰야 할 것이다.

인턴으로 인튜이트에 입사한 후 선임과의 첫 번째 1대 1 대면에서 내 선임이었던 앤드루는 이렇게 말해주었다. "일은 일일 뿐이에요. 일에 너무 스트레스 받지 말고 내 행복을 최우선으로 생각하길 바라요." 그 말은 인튜이트 재직 내내 나의 모토가 되었고 나와 1대 1을 하는 여러 후임과 신임들, 혹은 내 상사들에게도 이 말을 전해주곤 했다. 함께 일하는 이들이 자신을 챙길 때, 나도 내 자신을 챙길 수 있는 여유가 생긴다. 이렇게 보면, 워라밸은 결국 내가 만들어가는 것이며, 나 자신에게 우선순위를 줄 자유가 있고 나의 워라밸을 내가 직접 만들어갈 수 있는 환경을 만들어주는 회사의 역할도 그렇기에 더 중요하다.

마지막으로 워라밸을 장려하고 복지를 제공하는 것만큼이나 직원 한 명, 한 명이 회사의 가치와 비전에 공감하도록 만드는 것이 회사의 굉장히 중요한 의무라는 것을 말하고 싶다. 회사의 가치와 비전은, 적어도 내가 왜 '이 회사'에서 일하는가라는 질문의 답이 될 수 있다. 특히 인재 경쟁이 치열한 실리콘밸리에서, 돈과 워라밸을 제공하는 회사는 차고 넘친다. 그러나 '가치'는 오직 그 회사만이 제공할 수 있는 것이다. 직원들은 회사가 가진 미션에 공감한 뒤에라야 내가 하는 일에 대한 강력한 동기를 갖게 된다. 내 일이 사회에 제공하는 가치를 느끼면서, 사회 구성원으로서의 효능감을 느낄 수 있어야 한다. 또한 회사가 제공한 제품이나 서비스에 대해 고객에게서 긍정적인 피드백을 얻는 일은 내가 이 일을 계속하게 하는 원동력이 되고 열심히 일하는 보람을 느끼게 한다. 믿거나 말거나, 세상에는 월급을 조금 적게 받더라도, 남들보다 업무 시간이 조금 더 길다고 하더라도, 내가 사회에 기여하는 가치를 지키기 위해 회사에 충성하는 사람들이 있다. 그리고 아주 운이 좋게도 나는, 이 세 가지 조건에 모두 만족하며 즐겁게 일하는 중이다.

천국에서 산다는 것

시간과 경쟁하는 대신 시간을 타는 방법을 알려주는 곳

나는 무엇보다도, 샌디에이고가 너무 좋다. 내가 이렇게 회사에 만족하는 이유는 아마도 샌디에이고에서 출퇴근한다는 점이 큰 영향을 차지할 것이다. 집에서 차로 10분이면 펼쳐지는 아름다운 태평양 해변에서 비치체어에 걸터 앉아 한숨 고르고 있으면, 철렁이는 파도 소리와 함께 햇살이 데워놓은 따뜻하면서도 청량한 바다 내음이 나를 치유한다. 원래도 혼잣말을 좀 자주 중얼거리는 편이지만 언제고 운전 중 바다를 마주할 때면 "크~ 이 맛에 여기 사는 거지!"라는 감탄사가 절로 튀어나온다. 태평양의 일몰이 펼쳐놓는 절경은 말할 것도 없고 말이다. 무엇보다 샌디에이고는 미국에서 가장 큰 코리아타운이 있는 LA와 가까운 곳에 있다. LA의 한국 음식은 '찐'이기 때문이다. 내가 한국에서 즐겨찾던 봉추찜닭과 같은 체인 음식점들도 LA에 모두 있다. 멕시코와 국경을 마주하고 있기에 정말 어마어마하게 맛있는 타코 가게도 넘친다. 물론 서울이나 뉴욕, 샌프란시스코 같은 메트로폴리탄 도시들에 비해 세련되고 화려한 즐길거리는 훨씬 적지만, 언제든 바다를 마주하며 칵테일 한잔 즐길 수 있는 이곳이 내겐 훨씬 더 잘 맞는 선택이었다.

내게 샌디에이고의 바다는 특별하다. 솟아오른 바위에 삼삼오오 모여 따뜻한 햇볕 아래 늘어져 낮잠을 청하는 물개들 때문일까, 아니면 새벽부터 해가 질 때까지 서핑과 비치 발리볼을 즐기는 이들 때문일까. 마치 미어캣마냥 서쪽을 바라보고 서서 해변을 따라 쭉 늘어진 고급 저택들 때문일까, 아니면 아름답고 다채로운 자연 풍경 그 자체 때문일까. 나는 이곳에서 삶의 여유를 만났다. 단지 물질적인 풍요에서 오는 여유가 아닌, 환경 그 자체가 주는 여유로움 말이다. 그래서 샌디에이고의 문화를 설명할 때 레이드 백 컬쳐Laid-back culture라는 표현을 쓰기도 한다. '레이드 백'이란 한가롭고 여유로운, 느긋한 모습을 말한다. 그렇다. '빨리빨리' 한국과는 정반대 문화이다. 오래전 한국말을 알려달라는 외국 친구에게 농담으로 "'빨리빨리'라는 말만 알면 돼"라고 일러준 후 얼마 안 있어 함께 본 해외 영화에 어떤 한국인이 자막 없이 한국말을 하는 장면이 있었는데, 많은 대사가 실제로 "빨리빨리"여서 자막 없이도 알아듣고는 서로 엄청 웃어 젖힌 기억이 있다. 나는 재빠른 사람은 아니지만 주어진 일을 척척 해내야 성미가 차는 사람이었다.

그래서 많은 일이 한꺼번에 쏟아질 경우 이들을 빠르게 처리하고 싶었기에 큰 스트레스를 받기도 했다. 그런데 웬걸, '빨리빨리'가 빠져도 세상은 멸망하지 않았던 것이다. 한 박자가 느린 대신, 주변 사람과 안부 한 번을 더 물을 수 있었고, 끼니를 건너뛰지 않아도 체육관에 가서 운동할 수 있었으며, 주말에 밀린 일을 처리하는 대신 가족과 피크닉을 떠날 수 있었다. 빨리 하지 않아도 세상이 망하지 않는다는 걸 알게 된 순간, 동시에 쏟아지는 일에도 스트레스 받지 않게 되었다. 일단 심호흡을 한 후, 우선순위를 만들어, 속도에 구애받지 않고 하나씩 하나씩, 처리하다 보면 결국은 마지막 리스트에 도달해 있었다. 샌디에이고는 시간과 경쟁하는 대신 시간을 타는 방법을 가르쳐줌으로써 나 자신과 주변을 돌아볼 수 있는 기회를 주었다.

혼자를 위로하는 풍경

이 레이드 백 문화는 완벽주의와도 경계를 둔다. 물론 완벽함이란 중요한 목표임이 분명하다. 하지만 나는 이 완벽주의가 가끔 우리의 행복을 갉아먹는 것 같이 느껴질 때가 있다. 우리는 완벽을 구현하기 위해 밤을 새우고, 자책하며 심지어 다른 이를 괴롭히기까지 한다. 완벽주의를 좇는 것이 가져올 수 있는 또 다른 부정적인 결과는 우리를 익숙함 속에 가둘 수 있다는 것이다. 마치 100점을 맞기 위해 쉬운 문제만 푸는 학생처럼 말이다.

"완벽함은 발전의 적이다."

윈스턴 처칠이 했던 말이다. 발전하기 위해서 우리는 완벽함의 압박에서 벗어나야 한다. 내게 익숙하고 내가 가장 완벽하게 무언가를 해낼 수 있다고 믿는 컴포트 존에서 빠져나와 새로운 것, 익숙하지 않은 것을 마음껏 시도해보고, 모험해보고, 실험해보고, 실패해봐야 한다. 그 과정에서 우리는 배우고 발전해나갈 수 있다. '완벽하지 않아도 괜찮아!', '실패해도 괜찮아!', '좀 편안해져(Just relax)!'라고 말해주는 레이드 백 문화 속에서, 나는 한결 마음이 편안해질 수 있었다.

이런 천국 같은 곳에서도 처음부터 적응이 쉽지는 않았다. 피츠버그에서 함께 학교를 다니던 다른 친구들은 대부분 실리콘밸리에 직장을 잡아 정착했고, 나만 홀로 덩그러니 샌디에이고에서 직장을 다니게 되었던 것이다. 친구도, 가족도 없이 모든 인간관계를 처음부터 시작해야 했다. 그래서 지금과 같은 견고한 관계를 쌓기까지는 아주 오랜 시간이 걸렸다. 많이 외로웠다. 나의 안부를 챙겨주는 이라고는 광고 메일밖에 없던 시절이었다. 특히 명절 때는 외로움이 극에 달했다. 미국의 명절 중 특히 추수감사절과 성탄절이 모여 있는 연말에는 주변 모두가 가족끼리 모여 시간을 보냈다. 동네 사람들은 대부분 가족을 보러 다른 주로 떠나 있기에 동네가 텅텅 비어버렸다. 거리도, 큰 마트도 모두 문을 닫으며 심지어 회사에도 출근한 사람이 몇 없었다. 어느 해의 마지막 날에는, 모두 가족들과 따뜻한 연말을 보내는 와중에 나 혼자 집에서 패스트푸드를 먹다가 설사병에 걸려 화장실을 아홉 번 왔다갔다리한 웃픈 일도 있었다. 당시 '헬조선'이라는 말이 유행하자 나는 이런 생각까지 들 정도였다. '이곳이 천국인 건 인정. 하지만 천국이나 헬이나 일하는 모양이 마찬가지라면 그래도 아무도 없는 천국보다는 가족, 친구, 멍멍이랑 가끔 맛난 거 먹고 술도 한잔하며 왁자지껄할 수 있는 헬에서 더 행복하지 않았을까.' 평일에는 보통 다섯 시면 퇴근하여 자유의 몸이 되었고 주말에는 대부분 아무 일정이 없었다. 남아도는 시간을 어떻게 쓸까 생각했다. 일단 평일에는 퇴근후 동네를 걸었다. 한 시간 이내의 짧은 산책이었다. 내가 살던 동네는 대학가 주택들이 몰려 있던 곳으로, 가까이에 큰 쇼핑몰이 자리하고 있었기 때문에 걸으며 구경할 거리가 많았다. 그쪽으로 산책을 갈 때마다 결국 쇼핑으로 이어져 상점 봉지를 하나씩 쥐고 오게 되는 게 단점이라면 단점이었다. 그렇게 집으로 돌아오면 게임을 하거나, 넷플릭스 한 시즌을 내리 보며 하루를 마쳤다.

주말에는 혼자 바다나 산에 하이킹을 가기도 했다. 이 경험들이 내가 샌디에이고를 더 알게 되고 사랑하게 된 계기이기도 할 것이다. 주말마다 아침을 먹으며 '오늘은 어디로 갈까' 하는 행복한 고민을 하기 시작했다. 워낙 어디든 혼자 잘 다니는 편이었기 때문에 이런 작은 모험들이 재미있었다. 그렇게 내 쪼끄만 피아트

500을 몰고 샌디에이고 곳곳을 돌아다녔다. 서쪽으로는 바다가, 동쪽으로는 사막이 자리한 샌디에이고는 하이킹하기도 참 좋은 곳이다. 사실 하이킹으로 치면 서울만 한 도시도 없다. 산도 많고 나무도 우거진 데다가 트레일도 잘 깔려 있고 대중교통으로 쉽게 입구까지 갈 수 있으니 말할 것도 없다! 서울만큼의 인프라는 갖춰져 있진 않지만 유명한 샌디에이고 동물원부터 아름다운 발보아 파크Balboa park, 해변이 맞닿아 있는 절경 토리 파인즈Torrey Pines라든가 포테이토칩 락으로 유명한 마운틴 우드슨Mt. Woodson 등에서는 한국과는 사뭇 다른 풍경을 마주할 수 있었다. 무엇보다 가는 곳마다 아이들과 반려동물을 동반한 가족을 쉽게 마주칠 수 있어 샌디에이고가 가족끼리 살기에 정말 좋은 곳이라는 것을 느끼게 된다. 어딜 가든 보는 이런 광경이 혼자인 나를 더 외롭게 했지만 아이러니하게도 내 마음을 평화롭게 만들어주었다. 한국에서는 굳게 비혼, 딩크주의였던 나였지만 샌디에이고에서 살다 보니 그렇게 단단했던 마음이 녹아드는 것도 사실이었다.

진짜 내 모습을 찾게 되는 곳

어느 날, 갑자기 그림을 그려야겠다는 생각이 들었다. 그러고 보면 대학 졸업 후 그림으로 먹고 살고 싶다는 생각을 접은 뒤로는 그림을 거의 그리지 않았다. 오래전에 사놓은 아이패드를 펴고 하루에 한 작품씩 그림을 그리기 시작했다. 원래는 혼자 있는 시간을 때우기 위해서였지만, 막상 그림을 그리다 보니 마음이 평온해지고 스트레스가 정화되는 듯했다. 한두 시간 동안 그림에만 집중하느라 부정적인 생각이나 잡생각도 사라졌다. 마음의 파도를 다스리는 데는 그림만 한 게 없었다. 나는 그때 그때의 뉴스나 화젯거리에 대한 내 생각을 그림으로 그렸고 그날 본 풍경도 그렸다. SNS 계정을 만들어 올리기 시작하자 조금씩 댓글이 달리고 반응이 생기는 게 재미있었다. 내 그림의 스토리를 누군가가 자신의 생각대로 읽고 해석하며 재미 있어 하는 것이 너무 좋았다. 그렇게 꾸준히 그림을 그리다 보니 결국 샌디에이고 로컬 웹진에 아티스트로서 인터뷰가 실리기도 했다. 한국에서도 못해본 일러스트레이터로서의 인터뷰를 말이다! 더 나아가 이곳에서 도예 스튜디오를 운영하는 작가님을 만나 도예의 세계에도 발을 들였다. 아직 병아리 실력에 불과하지만 좋은 기회를 얻어 도예 그룹전에 참가하게 되는 기회까지도 생겼다.

이런 활동들은 내가 단지 일을 위해서만 존재하는 것이 아니라는 사실을 상기시켜주었다. 낮에는 회사와 사용자를 위해 일을 했어도, 그림을 그리거나 도예를 할 때에는 온전히 나만의 시간이었기 때문이다. 그렇게 나는 일과 나 자신 사이에서 밸런스를 유지하며 내가 단지 일로서 정의되는 것을 막을 수 있었다. 물론 이전에 언급했지만 나는 내 일의 가치에 공감하며 내 일로 인해 많은

FORMS
JOURNEY WITH CLAY

YONGSOO CHANG
HYEMYUN HA
EUNJU LEE
HUNJU LEE
ANTMY CHAN
SAENEL KIM
KRMY YOON
JIHEON HAN
LEIGH DELIMAY

SEP 10 - 19, 2021
10AM - 4PM
RECEPTION: SUN, SEPTEMBER 12, 2PM

GALLERY 21
SPANISH VILLAGE ART CENTER
1770 VILLAGE PLACE, BALBOA PARK
SAN DIEGO, CA 92101

Ceramic Art Exhibition
Featuring ceramic artworks including: minimal, conceptual, unique tableware,
objects, sculptures, and installation art by Yonsoo Chung Ceramic Studio's Artists.

www.yonsoochung.com
www.instagram.com/yonsoo/ceramics

참가했던 공예 그룹전의 포스터와 작업물들

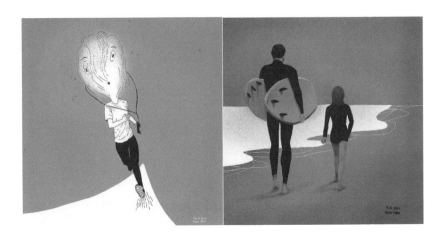

샌디에이고의 풍경 속에서 나를 사로잡은 장면과 생각들을 그림으로 표현하기 시작했다

사용자의 불편이 해결되는 것을 보며 큰 보람을 느낀다. 그렇지만 그 일엔 '내'가 없다. 나의 매니저가 첫 1대 1 미팅에서 내게 말했듯이, 일은 일이었고 내 행복은 내가 스스로 찾아야 했다. 일에서 스트레스를 받을 때마다, 나는 그림과 도예로 안정을 찾았다. 나는 아주 다행히, 운이 좋게도 내 외로움을 극복할 수 있는 아주 좋은 기회들을 만나 이를 활용했다. 퇴근 후 여유를 만끽할 수 있는 시간에도 감사하고, 별것 아닌 내 생산 활동에 관심을 가지고 응원해 주는 주변인들이 있었기에 계속해서 창작할 용기를 얻을 수 있었다. 샌디에이고가 내게 준 여유는 내가 일 외에 다른 곳에도 에너지를 쏟으며 나 자신을 찾고 사랑할 수 있게 만들어 주었다.

"아림아, 너 정말 보기 좋아. 이제 진짜 네 모습을 찾은 것 같아."

언젠가 한국에서 이 멀리 캘리포니아의 외진 도시인 샌디에 이고까지 나를 찾아와준 친구들이 나를 보며 해준 이 말이, 내가 이곳을 사랑하는 이유를 한마디로 보여준다.

4장. 디자이너와 사용자 모두가 행복한 디자인

야, 너두 할 수 있어!
영어는 자신감이니까!

그래서 결국 뭘 하라고 하던가요?

내 새로운 취미 생활이 외로움 극복에 도움이 되었다지만, 사실 외로움의 근본적인 해결책이라 한다면 당연히, 사람을 사귀는 것이다. 물론 샌디에이고도 사람 사는 곳이고, 회사에서도 사람들이 서로 어울리도록 마련한 여러 이벤트가 있었다. 인턴 후 함께 풀타임으로 전환한 비슷한 또래의 친구들도 많았고 사람을 가리지 않고 초대하는 미국식 파티에 가서 사람을 만날 기회도 많았다. 사실 맘만 먹으면 친구는 쉽게 사귈 수 있었다. 문제는 영어였다. 앞에서 비교적 쉽게 영어로 작동하는 브레인의 소유자인 것마냥 적어왔지만 당연히 내게도 영어는 어려운 장벽이었다. 대학원 과정처럼 영어가 모국어가 아닌 집단에서는 서로 완벽하지 않은 영어를 천천히 그리고 열심히 이어가며 찰떡같이 이해할 수 있었다. 그런데 대학원 밖 사회로 나오자 천지사방이 태어나면서부터 영어를 자연스레 써온 네이티브 스피커, 혹은 영어를 자유자재로 구사하는 이민자들이었던 것이다. 게다가 친구를 사귀는 데 있어 영어보다 더 큰 장벽은 문화의 차이였다. 대화 중 상대방이 가볍게, 자연스레 던지는 농담들에는 다양한 사회·문화적 뉘앙스가 담겨 있었는데 나는 당연히 이를 단번에 알아채지 못했다. 그러다 보니 무슨 말인지 몰라도 그냥 남들 웃으니까 따라 웃는 게 일상이었다. 영어가 늘긴커녕 눈치만 늘었다. 나도 나름 한국말로는 위트 있는 사람이라 자부하는데도 젊은이들과 영어로 대화를 나누다 보면 말도 너무 빠른 데다가 서로 공유하는 문화도 다르다는 느낌에 언제나 대화의 모서리에 밀려 있었다. 더는 내가 재미없는 사람 같고 상대가 나와 노는 게 지루할 것 같다는 생각에 자신감을 잃었다. 새로운 친구를 사귀는 게 더 힘들어졌다.

회사에서도 마찬가지였다. 팀의 특성상 일반인에게도 낯선 보안 전문용어들이 많이 사용되었고, 특히 회사 자체에서 줄임말을 많이 썼기에, 초반에는 미팅에서 무슨 얘기가 오가는지 종잡기가 힘들었다. 특히 내가 막 일을 시작했을 당시에는 함께 일하던 많은 동료가 네이티브 스피커였기에 회의 중 말의 속도가 빨라 내가 100% 알아듣지 못한 상태에서 다음 주제로 넘어가기 일쑤였다. 이곳에서의 많은 미팅이 일방적인 발표보다는 서로 의견을 나누고 아이디어를 보태며 거침없이 질문이 오가는 토론 중심의 형

4장. 디자이너와 사용자 모두가 행복한 디자인

태였기 때문에 나 역시 뭐라고 한마디 거들지 않으면 안 될 것 같은 안달복달한 마음이 들었다. 그런데 무언가 말을 해보려다가도, 마음속 이런 생각이 내 입을 다물게 했다. '혹시라도 내가 하려는 이 질문이 이미 언급된 것이면 어떡하지?', '사람들이 나를 이것도 모르는 바보라고 생각할 것 같아.', '이런 말도 안 되는 아이디어는 바로 비웃음거리가 될 거야.', '이런 멍청한 질문을 한다면 나뿐만이 아니라 나를 뽑아준 내 매니저까지 비웃음 당하지 않을까?' 다소 과한 고민같이 보이겠지만 실제로 이런 생각들이 회의 내내 내 머릿속을 맴돌았다. 그렇게 나는 내 생각과 질문을 감춘 채 '관찰자'의 입장으로 회의에 참여할 뿐이었다. 가끔은 조용히 회의 참석자 중 누가 얼만큼 말을 했는지 머릿속으로 세어보기도 했다. 그중 나는 항상 마지막이었고 이는 앞에서 언급했듯이 나에 대한 동료들의 피드백에 여실히 드러나게 되었다.

그러던 어느 날, 영어에 대한 나의 세계관을 완전히 바꿔준 대화가 있었다. 이는 놀랄 만큼 간단한 하나의 질문이었다. 언제나 똑같은 모양의 회의가 끝나고 같은 회의에 있던 한 팀원이 나를 붙잡았다.

"아림, 그래서 결국 뭘 하라고 하던가요? 무슨 말인지 하나도 못 알아들었네요."

이 일상적인 질문 하나가 내 뒤통수를 띵 치는 느낌이었다. 영어가 모국어인 동료도 이 회의를 못 알아들었다니! 그러고 보면 우리말로 진행했던 회의, 심지어 강의도 못 알아듣고 멍 때리는 경우가 많지 않았는가. 이곳도 마찬가지였다. 영어가 내 발목을 잡아 나만 회의 내용이 어려웠던 게 아니라, 회의 내용을 놓칠 수 있는 건 누구에게나 아주 당연한 것이었다. 참석자가 잠시 딴생각을 했을 수도 있고, 발표자의 내용 전달이 모호했을 수도 있다. 생각해 보니, 이곳 회의에선 어떤 질문이든 아이디어든 마구 튀어나왔다. 무시당할까 두려운 마음에 차마 나오지 못하고 묻혀버린 나의 질문과 아이디어들만큼이나, 아주 기초적인 내용도 이미 언급되었던 내용도 뜬금없는 내용도 마찬가지였다. 오히려 이런 질문들이야말로 발표자가 놓치거나 미약했던 부분을 보강하며 참석자 전원이 발표 내용을 전체적으로 더 잘 이해할 수 있게 도왔다. 심지어는 발표자 자신도 예상치 못했던 질문으로 인해 자신이 미처 생각해보지 못한 부분을 알아채는 경우도 많았다. 그래서 어떤 질문이든 비웃기는커녕 오히려 환영이었다. 모르면 물어보면 됐는데, 나는 괜히 애꿎은 영어 실력 탓만 하며 일에 기여하기를 피해왔던 것이다.

영어 실력이 아닌 태도의 문제였다는 것을 깨닫고 나서야, 나는 바뀌기 시작했다. 일단 모르겠으면 물어봤다. 나만 모르는 게 아닌 남들도 모르는 문제일 수 있다는 것을 알고 나니, 질문에도 자신감이 생기기 시작했다. 브레인스토밍 때는 말이 안 되는 아이디어 같더라도 일단 던지고 보았다. 그렇다. 영어는 자신감이었다.

회의에 적극적으로 참여하다 보니 일 자체에도 자신감이 커졌고 팀원들이 나를 보는 시선도 달라졌다. 아이러니하게도 더 많이 묻고, 더 엉뚱한 아이디어를 많이 내놓는 것이 내가 전문가에 한 발짝 더 가까워지는 길이었던 것이다. 팀원과 파트너, 사용자와의 소통이 무엇보다 중요한 프로덕트 디자이너의 특성상 이는 정말 중요한 변화일 수밖에 없었다. 미국 생활 8년 차에 가까워지는데도 내 영어는 아직 많이 부족하다. 여전히 말을 더듬거리고, 문법과 스펠링은 완벽한 적이 없고, 이메일을 읽고 답변을 보내는 데 하루 반나절은 족히 걸린다. 예전에는 영어 실수를 한 번 할 때마다 기분이 침체되고 나는 왜 이럴까 자책했다. 그럴 때마다 동료들이 이런 말을 해줬다.

"아림, 괜찮아요. 나도 문법과 스펠링은 매일 틀리는 걸요!"

그렇다. 직장에서조차, 영어가 완벽할 필요는 없다. 심지어 다양한 문화권이의 공존하는 미국, 특히 캘리포니아에서는 나처럼 영어가 모국어가 아닌 이들이 넘친다. 그러니 영어가 완벽하지 않다고 움츠러들 필요가 전혀 없다. 조금 틀리면 어떤가? 완벽하지 않더라도 뻔뻔하게 내 할 말 다 하면 된다. 영어 의사소통에서 가장 중요한 것은 무엇보다도 자신감이며, 내가 모르는 것을 인정하고 질문하는 용기이다.

언어의 목적은 생활, 그 자체에 있다

이렇게 영어에 대한 두려움을 극복하자, 친구도 생겼다. 이때까지는 아무리 가까운 관계에서도 문화적 차이에서 발생하는 소통의 문제는 이해하는 데 한계가 있었다. 상대가 오랜 기간 경험한 TV 시리즈나 유행어 등 대중문화에 기반한 레퍼런스를 한 번에 파악하는 것이 쉽지 않기 때문이다. 심지어 한때 우리 세대 지구촌 어린이 모두가 빠져들었던 애니메이션 〈포켓몬스터〉 대부분의 캐릭터 이름도 모두 달랐다. 하지만 나름 미국 생활 8년 차가 되고 나니 그간의 경험을 통해 문화적 레퍼런스가 많이 쌓이게 되었다. 혼자서라도 여기저기 기웃거리며 될 수 있는 한 많은 이벤트에 참여하고, 친한 사람이 없어 어색하더라도 다양한 파티에 방문하면서 내가 할 수 있는 최대한의 경험을 한 것이 많은 도움이 되었다. 앞으로 만날 친구들과도 앞으로의 문화를 공유해 나가면 된다. 함께 맛집에 가고, 막장 리얼리티 TV쇼나 한국 드라마를 보며 떠들고, BTS의 영상을 공유하면서, 서로의 집에 초대하고, 여행을 가고, 게임도 하며 새로운 추억을 만들어 나가고 있다.

영어를 잘하고 싶은가? 그렇다면 내가 왜 영어를 잘하고 싶은 것인지 생각해보자. 학술적 논문을 위한 영어라거나 중요한 발표 자료, 이력서 등에는 물론 정확하고 올바르게 문장을 작성하기 위해 심혈을 기울이는 것이 맞다. 그러나 영어 공부의 목적이 소통이라면, 문법 문제 하나 더 맞히거나 단어 하나 더 외우는 것보다는,

4장. 디자이너와 사용자 모두가 행복한 디자인

자신감을 기르는 것이 최고로 중요하다. 일단 입을 열면, 말은 따라오게 되어 있다(나는 가끔 영어는 뇌가 아니라 입술 근육으로 하는 거라 농담식으로 말하곤 한다). 친구를 사귀고 싶다면, 경험을 통해 문화를 이해해 나가자. 많은 경우 언어적인 문제는 꾸준함과 시간이 해결해준다. 대중매체는 사회를 반영하므로 해외 드라마를 많이 보는 것도 문화를 이해하는 데에 많은 도움이 될 것이다. BTS의 리더 RM이 미국 토크쇼의 사회자와 여유롭게 대화를 주고받는 것을 본 적이 있는데 어린 시절부터 미드 〈프렌즈〉를 보며 영어를 공부했다고 했다. 그가 문법책만 붙잡고 시험 보듯이 영어를 배웠다면 그런 자연스러움이 대화에 묻어나기는 정말 어려웠을 것이다. 국민 영어 교육 방송인 'CNN 뉴스'를 통해 깔끔한 영어를 공부하는 것도 좋지만 속어가 넘쳐나는 거친 드라마를 보는 것도 나쁘지 않다. 성적인 속어인 줄도 모르고 진지하고 순수한 얼굴로 내뱉어서 주변을 경악시키는 실수를 피할 수 있을 것이다(내 얘기다). 마지막으로 어떤 경우이든, 대화 중 무슨 말인지 모르겠으면, 망설이지 말고 물어보라. 상대방은 귀찮아하기는커녕, 질문할 만큼 자신의 얘기를 깊게 들어준 당신에게 오히려 고마워할 것이다.

모두를 위한 디자인

모두의 권리를 당연하게 인식하도록 돕는 디자인

미국은 아주 큰 나라다. 내가 미국에서, 특히 캘리포니아에서 느낀 가장 큰 특징을 한마디로 말한다면, '다양성'이다. 이곳은 각기 다른 모습의 사람들이 다른 생각을 하며 모여 사는 집단이며 서로의 다름을 존중하는 곳이다. 아주 어린 시절부터 단일민족국가임을 강조하는 한국에선 모두가 한국말을 쓰고 '살색' 피부를 가졌으며 검은 머리로 태어난다. 내가 한국에 살던 때에 남자는 모두 교복 바지를 입었고, 여자는 모두 치마로 된 교복을 입었다. 나와 다른 사람을 구분하기도 쉬웠다. 남자와 여자, 한국인과 외국인, 동양인과 서양인 등의 틀이 정해져 있었고, 이 틀에서 조금만 벗어나도 따가운 시선과 편견이 뒤따랐다. 그러다 보니 왠지 남들이 하면 나도 함께해야 할 것 같았고, 내가 하고 싶은 것들이 남들에게 어떻게 보일까 두려워하는 마음을 학습하며 자랐다. 모두가 비슷한 틀 속에서 살고 있으므로 '다르게 산다'는 것이 어떤 일인지 크게 느끼지 못했고, 따라서 '다름'에 대해 공감해볼 생각조차 해보지 않았다.

미국에 와서 피츠버그에 정착한 지 얼마 되지 않아 친구들과 처음 클럽에 놀러 갔을 때이다. 밤 11시 정도가 되자 한산하던 클럽에 점점 사람들이 모여들기 시작했다. 그러던 중 한 손님이 눈에 띄었다. 그는 휠체어를 탄 장애인이었다. 많이 다녀본 것은 아니지만 클럽에서 휠체어에 앉은 채 쿵쾅거리는 비트에 맞춰 신나게 춤을 추는 사람을 본 것은 그때가 처음이었다. 클럽의 다른 손님들 역시 전혀 개의치 않은 채 음악에 집중하면서도, 휠체어를 탄 이가 쉽게 이동할 수 있게 길을 터주기도 하고 뒤에서 밀어주기도 하며 함께 어울렸다. 처음엔 신기했는데, 생각해 보니 '이게 왜 신기한 일이지?' 싶었다. 똑같은 사람으로서 누구나 당연히 춤추고 놀고 싶은 마음이 있는 건 마찬가지 아니겠는가? 그럼에도 불구하고 장애인과 비장애인이 함께 섞여 춤추고 노는 장면이 익숙하지 않았던 것이다. 내가 떠나온 2014년 시점의 한국에선, 아니 오늘에 이르러서도 보기 힘든 장면일 것이다. 클럽은커녕 버스를 타려던 장애인이 왜 바쁜 시간에 굳이 나와 다른 사람들 불편하게 하냐는 버스 기사의 짜증 섞인 모욕을 들었다는 내용을 기사로 읽기까지 했다. 적어도 내가 경험한 미국에선 장애를 가진 시민도 어떤 서비스든지 당당하게 이용할 수 있었고 이를 짜증 어리거나 이상한 시선으로 보는 이는 아무도 없었다. 모두가 당연히 거리로 나오고, 대중교통을 이용하고, 식사하는 등의 서비스를 제공받거나 제공했다. 그 배경에는 이들의 불편을 해결하고 다른 사람들과 동등한 권리를 누리도록 배려한 디자인이 곳곳에 존재했고 기술의 발전은 이들이 더 쉽게 서비스를 이용할 수 있도록 만들었다. 스마트폰과 컴퓨터 운영 체제 역시 일상의 불편을 해소할 수 있는 다양한 접근성 모드를 기본적으로 제공한다. 미국에서 '우버', '리프트'와 같은 차량 공유 서비스 앱을 이용하여 택시를 불렀을 때, 가끔 청각 장애를 가진 기사들과 매칭된 적이 있다. 그럴 때마다 앱은 알람이나 채팅 등의 다양한 기능을 통해 장애가 있는 운전자, 혹은 승객이 원활하게 의사소통할 수 있도록 도왔다.

장애인을 위한 디자인이라고 하면 우리는 으레 소수를 위한 특별한 서비스라고 여기기 쉽다. 그러나 실제로 이와 같은 배려의 디자인을 통해 혜택을 받는 것은 결국 우리 모두이다. 예를 들어 휠체어 사용자를 위해 설치된 경사로는 유모차를 끌거나 무거운 짐을 나르는 데 도움이 된다. 시력이 낮은 사람들을 위해 만들어진 핸드폰의 다크 모드는 어두운 곳에서도 눈이 덜 피로한 상태에서 '폰질'을 하게 해주었으며, 라이브 콘퍼런스 등에서 청각 장애인을 위해 제공되는 캡션 서비스는 비장애인이 발표 내용을 훨씬 더 잘 이해할 수 있게 하는 데도 도움이 된다. 누구든지 일상생활에서

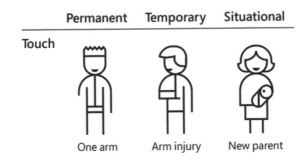

마이크로소프트의 인클루시브 가이드북 이미지 중 일부. 사람들이 흔히 생각하는
영구적(Permanent) 장애뿐만이 아니라 '모두'가 일상 생활에서 상황에 따라(Situational)
제약을 받을 수 있는 장애적 요소까지를 모두 고려한 디자인 가이드라인을 제시하고 있다.

출처: https://inclusive.microsoft.design/tools-and-activities/Inclusive101Guidebook.pdf

두 손 가득 짐을 들고 이동하거나 시끄러운 장소에서 대화를 하는
경우 등 신체 사용이 제한되어 불편을 겪는 당사자가 될 수 있다는
사실을 잊어서는 안 된다. 소수를 위해 접근성을 개선하는 일은 결
국 모두가 살기 좋은 환경을 만드는 데에도 기여한다. 실리콘밸리
에서 일하는 동안 이곳의 기업들이 '모두를 위한 디자인'에 얼마나
진심인가를 보고 항상 놀라게 된다. 구글이나 마이크로소프트, 애
플 등의 회사들은 앞다투어 최신 기술을 이용해 약자를 배려한 기
능이나 디자인을 내놓는다. 내가 일하는 회사에서도 접근성 분야
의 전문가들이 제품과 디자인을 내놓을 때마다 직원 대상의 리뷰
와 워크숍을 진행하여 여러 장애와 불편이 있는 사용자를 이해하
고 공감할 수 있도록 돕는다. 많은 프로덕트 디자이너가 사용하는
피그마와 같은 디자인 툴에서는 내 디자인의 접근성 정도를 체크

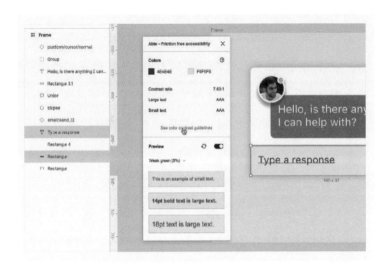

에이블(Able)은 색상 대비를 확인하기 위해 설계된 플러그인으로,
사용자가 선택한 두 개체의 색상을 분석하여 다양한 유형의 색맹 렌즈에서 해당 색상이
어떻게 보일지 시뮬레이션할 수 있는 옵션을 제공한다.

할 수 있는 플러그인을 쉽게 찾을 수도 있다.

인클루시브 디자인Inclusive Design이란 모두를 위한 디자인을 뜻
한다. 신체적으로 불편한 사용자를 배려하는 것을 넘어서 우리 모
두의 인종, 성, 신체적 특성이 다르다는 것을 인정하고 소수와 약
자를 포함한 다양성을 그대로 포용하는 디자인이다. 과거에는 제
품 스톡 포토의 인물 사진이나 일러스트레이션 등에 대부분 백인
남녀가 메인으로 등장했다. 내가 한국에서 배울 때도 이런 백인 남
녀의 모습이 표준의 '미국인'이었다. 그런데 미국으로 건너와 보
니 그게 아니었다. 서로 다른 피부색, 눈동자색, 머리색을 하고 있
었고, 체형과 억양, 종교 문화적 배경이 다양했다. 이들이 한데 모

4장. 디자이너와 사용자 모두가 행복한 디자인

인 곳이 바로 미국이었다. 백인, 특히 백인 남성 중심의 제품 이미지는 많은 미국인을 대표할 수 없었고 표면적으로 다른 많은 소수자를 배제시켜 왔다. 하물며 전 세계를 대상으로 한 글로벌 서비스는 어땠겠는가. 그러나 이제는 그 흐름이 바뀌고 있다. 전 세계 숙박 공유 서비스를 제공하는 에어비앤비는 최근 제품의 리디자인 Re-design을 진행하면서 이전의 아웃라인 중심의 캐릭터들이 백인을 보다 쉽게 연상시킨다는 점을 지적하며 제품의 일러스트레이션 스타일을 완전히 바꾸었다. 그들의 새로운 디자인은 여러 인종, 나이, 성, 몸매, 신체적 불편 등 모든 다양한 모습의 캐릭터들을 포함하고 있다. 미국을 넘어 전 세계 모든 사람들을 상대로 서비스를 제공하는 에어비앤비의 이 일러스트레이션은 진심으로 그들의 사용자를 이해하고 반영하는 변화가 아니었나 싶다.

다양한 것이 강한 것이다

사랑에 있어서도 다양성을 수용하는 것은 마찬가지다. 동성결혼이 합법인 미국에서는 다양한 사랑과 성의 형태를 한국에서보다 훨씬 쉽게 찾아볼 수 있다. '틴더'를 포함해 미국 대중이 쓰는 인기 데이팅 서비스들에서는 다양한 형태의 매칭을 제공한다. 이런 서비스들은 '사랑'의 개념을 단지 남녀 간의 사랑으로만 단정 짓지 않고, 더 많은 이들에게 사랑할 기회와 자유를 제공한다.

이를 통해 훨씬 더 많은 사용자를 확보할 수 있으니 비즈니스로서도 이익이다. 소수와 약자를 포함하는 디자인이 비즈니스에도 긍정적인 영향을 미치는 것이다. 미식축구 리그인 NFL 경기 전, 미국 국가가 울려퍼지며 모두가 기립하던 때, 미국의 인종 차별에 항의하며 무릎을 꿇는 퍼포먼스를 한 선수가 있다. 콜린 캐퍼닉Colin Kaepernick. 트럼프 대통령은 그를 반 애국자라 비난했으나 나이키는 그를 모델로 기용했다. 나이키를 향해 엄청난 항의가 쏟아졌고 곧 나이키에 대한 불매운동이 전국적으로 퍼지는 듯했다. 그러나 나이키가 새 캠페인을 진행한 후 나이키의 수익률은 무려 10%나 인상했고 주식은 7% 이상이 올랐다. 제품에서의 다양성은 사회의 모습을 반영하려는 노력의 결과이며 시장은 결국 이에 맞춰 반응한다. 한국의 비즈니스 입장에서 봤을 때 크게 와닿지 않을 수 있겠다. 그러나 글로벌을 상대로 한 서비스라면 얘기가 달라진다. 다양성을 중시하고 소수와 약자를 배려한 디자인과 콘텐츠를 더 적극적으로 생각할 때가 아닐까 한다.

부끄럽지만, 처음 미국에 왔을 때 여러 해외 경험이 있음에도 불구하고 다양한 편견에서 자유롭지 못했던 것이 사실이다. 그러나 최근 "흑인의 생명도 소중하다(Black Lives Matter)", "아시아인 혐오를 멈춰라(Stop Asian Hate)" 운동을 가까이에서 지켜보며 더 큰 문화적·역사적·사회적 맥락을 공부하는 계기가 되었다. 단지 편견을 해소하는 것을 넘어 미국이라는 나라를 이해하는 데 필요한 잃어버린 퍼즐 조각 하나를 맞춘 것 같았다. 디자인을 할 때 '왜'를 이해함으로써 문제를 파악하듯이, 맥락을 이해함으로써 집단과 현상을 더 잘 이해할 수 있었던 것이다. 여기에 와서야 알았다. 사람들은 모두 다르다. 나는 한국에서는 볼 수 없던 많은 '다름'을 만났고 그 '다름'을 위해 싸워온 이들의 이야기를 배웠다. 미국이라고 처음부터 다양성을 존중했던 것은 결코 아니다. 앞서 말했던 장애인의 이동권이나 성소수자, 여성 그리고 소수 인종의 권리는 그동안 많은 이들이 목숨까지 걸어가며 싸워온 결과다. 나와 관계없는 이야기라고 생각하면 오산이다. 한국에서는 다수에 포함할지 몰라도 한국 밖으로 나서는 즉시 나는 소수집단에 속하게 된다. 이 땅에 먼저 발을 내디딘 아시아계 이민자들이 열심히 자리를 잡고 편견과 싸워왔기에 나 같은 소수집단에 속한 사람이 혈혈단신으로 쉽게 적응할 수 있었다. 여성 운동의 결과로 인해 나는 여성이라는 이유로 급여나 승진에 대한 차별을 받지 않는다. 다양성을 존중하는 문화가 사회 전반에 깔린 덕분에 나는 편하게 주말마다 한인 마트에서 장을 보고, 한국 음식을 시켜 먹고, 한국 드라마를 보며, 한국인이 오스카와 빌보드를 수상하는 장면을 볼 수 있게 된 것이다.

미국 사회는 최근 코로나와 여러 사회적 이슈들을 거치며 혼란에 빠지기도 했다. 한국에 있는 가족들은 내심 나를 걱정하면서 왜 이런 곳에 계속 있고 싶어 하는지 궁금해하기도 했다. 그러나 나는 이 혼란들이 사회를 한 발짝 더 좋은 곳으로 만들기 위한 성장통 같은 것이라고 생각한다. 마치 바이러스가 침투하면 몸에서 일어나는 면역작용처럼 말이다. 나는 이 혼란 틈에서 얼마나 많은 '다른' 사람들이 편견으로 인한 차별을 극복하기 위해 싸워왔는지 배우게 된 것을 정말 감사히 여긴다. 이는 내게 더 멀리 보는 시야를 안기고 더 크게 공감하는 사람이 될 수 있게 도와주었다. 이런 다양성의 중요성은 아마 한국에 있었다면 알 필요조차 느끼지 못했을 가치일지 모른다. 그런데 이미 수많은 연구 결과가 말하고 있다. 다양한 문화, 인종, 남녀 혼합으로 구성된 팀이 더 똑똑하고, 더 활달한 창의성을 보여주며 심지어는 더 높은 수익마저 창출한다는 것을. 다양성을 존중함으로써 사회는 함께 발전할 수 있다. 내가 남들의 다름을 포용하는 사회에서 남들도 나의 다름을 포용하게 된다. 이를 통해 모두가 더 당당해지고 자유로워질 수 있는 것이다.

나에게 친절해질 때 삶이 미소 짓는다

흔들릴 때마다 떠올린 질문 '나는 지금 행복한가'

나는 한국에서 성장하는 동안 남들과 똑같은 과정을 거치려고 노력했다. 수능을 치고, 재수를 하고, 그토록 원하던 대학에 입학한 이후에도 밟아나가야 할 코스가 끝도 없이 이어졌다. 취업, 결혼, 육아와 같은 모범 답안이 정해져 있었다. 그 모범 답안 안에서 가장 '정답'에 맞는 삶을 살기 위해 치열한 경쟁을 거쳤다. 특히 소셜 미디어와 24시간 함께하게 되면서, 다른 사람의 피드와 끊임없이 내 처지를 비교하며 경쟁심과 조급함만 키우게 됐다. 이 모든 것이 나를 지치게 했다. 가족들의 기대와 남들의 시선, 의식하지 않으려 해도 누군가에게 지기 싫어하는 기질이 발동해 나를 괴롭게 했다. 미국 역시 경쟁을 부추기는 사회인 건 다를 바가 없다. 하지만 미국 땅은 진짜 넓다. 대학이든, 회사든, 줄을 세우는 게 불가능할 정도이다. 물론 명문대나 명망 있는 직업군, 최고의 테크 회사 등 '모범 답안'처럼 보이는 길이 있긴 하지만, 훨씬 더 많은 선택지가 있고 어떤 길을 선택하든 관대하게 존중해주는 사회 분위기가 형성되어 있다. 그래서인지 남들이 내게 기대하는 '정답'이 아니더라도 내가 믿는 대로 내 길을 개척해 나갈 수 있다. 경쟁이 있다고 해도, 그 링 밖에 더 큰 세계가 보이기에 경쟁에서 이기고 지는 것이 크게 의미가 없는 것이다. 무엇보다 언제든 밖으로 나가 넓은 수평선을 보노라면, 열심히 오른 산 아래로 펼쳐진 조용한 풍경을 보노라면, 이 모든 경쟁이 다 무슨 소용인가 싶은 생각마저 든다.

솔직히 미국에서 자리를 잡게 된 후 '나 정도면 남들보다 성공적인 삶을 사는 것이 아닐까' 자만했던 것이 사실이다. 한국에서 디자이너로 일할 때보다 연봉도 많이 오르고, 나름 실리콘밸리의 대기업이라 할 만한 곳에 취직했기 때문이다. 그러다가도 주위를 둘러보면, 나보다 훨씬 어리고 실력이 좋으며 괴물처럼 똑똑한, 네이티브 스피커들이 넘쳐났다. 시간이 흘러 30대 중반이 된 지금은 한국의 친구들이 아이를 낳고 사랑스럽게 가족을 꾸리는 모습이나, 멋진 교수나 잘나가는 팀장님, 사업가가 되는 과정을 지켜보며 여러 가지 생각을 한다. 만약 내가 한국에서 가정을 꾸려 예쁜 아기를 낳고 부모님과도 더 가깝게 지냈다면 어땠을까? 만약 석사 졸업 후 한국으로 돌아가 커리어를 꾸려 나갔다면? 특히나 팬데믹 기간 동안 미국이란 나라에 실망하고 다시 한국으로 돌아가는 역이민 행렬을 보며 마음이 착잡했다. 내가 내린 선택이 틀리지 않은 것일까? 이곳에 남는 것이 옳은 결정인지 어떻게 알 수 있을까? 내게 있어 성공적인 삶이란 어떤 형태를 뜻하는 것일까? 미국에 오는 결정을 할 때 내가 잡은 목표는 '행복하자'였다. 이후 마음이 흔들릴 때마다 '나는 지금 행복한가' 돌아보았다.

행복이란 무엇인가에 대해 오랫동안 많은 이들이 고민하고 연구해왔다. 관련된 책도 널려 있다. 미국에는 평균 7만 5,000달러(한화 기준 약 1억 원) 이상 구간에서의 소득 인상은 행복감에 큰 영향을 미치지 않는다는 오랜 연구 결과도 있다. 이 수치가 세전인지 세후인지는 정확하지 않지만 행복을 따지는데 돈 외에 많은 요소들이 영향을 미친다는 것은 부정할 수 없다. 가족, 친구, 건강, 시간, 젊음 등이 그것이다. 최근 〈뉴욕 타임스〉에 게재된 흥미로운 기사를 읽었다. 이 기사에서는 300만 명 이상의 빅데이터를 기반으로 무엇이 사람을 행복하게 하는지 조사했다. 데이터를 종합해보면 따뜻한 날씨 아래 경치 좋은 바다를 내려다보며 사랑하는 사람과 시간을 보낼 때 가장 행복하다고 한다. 이에 따르면 나는 객관적으로 누구보다 행복한 사람이다. 넘치는 열정으로 밤낮으로 일해 위로, 더 위로 올라가는 이들의 멋진 커리어나 투자로 성공하여 더 큰돈을 굴리는 이들의 성공 신화도 대단하지만, 나는 이미 내 기준에 부합하는 행복을 찾은 것을 알기 때문에 굳이 조급해할 필요가 없는 것이다. 그들은 그들의 성공을, 나는 나의 성공을 이뤄낸 것이라고 보면 된다.

행복의 지표

그렇다면 조금 더 구체적으로 나만의 성공이란 어떤 것일까? 프로덕트 디자이너가 좋은 디자인을 측정하듯이 나의 성공을 측정할 수 있을까? 그래서 나는 한 가지 방법을 생각해보았다. 앞서 언급했듯이 프로덕트 디자이너는 프로젝트의 성공을 가늠하기 위해 성공 지표를 세운다. 그렇다면 삶에 있어 성공 지표는 과연 무엇일까? 아마 사람마다 다를 것이다. 누군가에게는 연봉, 누군가에게는 사는 집의 크기, 누군가에게는 직급, 화목한 가정이나 건강, 혹은 얼마나 여행을 많이 다니느냐 등도 데이터나 수치 등으로 표현할 수만 있다면 내 삶이 '성공적'인지 확인하는 지표가 될 수 있지 않을까.

그렇다면 나에게 있어 성공이란 무엇인지를 정의해야 했다. 디자이너가 프로젝트를 시작할 때에도 프로젝트 성공의 정의를 먼저 구체화하기 마련이다. 그 후 목표 달성 여부를 분석하기 위해 수치화된 지표를 만드는 것이다. 내게 성공이란 행복한 삶이다. 나는 행복하기 위해서 이 땅까지 건너왔다. 그렇다면 행복한 삶이란 무엇일까? 깊게 파고 들자면 끝도 없을 것이다. 실제 프로젝트에서는 모호한 개념을 목표로 삼는 것은 금물이다. 그러니 이 개념을 내게 맞게 좁혀 나가야 한다. 그래서 프로젝트 초반, 디자이너가 모호한 개념을 정의하고 좁혀 나가는 과정은 아주 중요하다.

나에 대한 리서치를 해보자. 나는 무엇을 할 때 행복한 사람인가? 내가 그리는 미래의 나는 어떤 모습인가. 많은 연봉이 내게 행복을 가져다주는가? 명예를 얻고 이름을 알리는 것이 행복감을 주는가? 건강해지는 것, 가족과 많은 시간을 보내는 것인가? 이렇게 찬찬히 정의 내려볼 수 있다(학술 목적의 연구가 아니므로 너무 진지하게 구체적일 필요는 없지만 말이다). 그리고 앞서 언급한 트레이드 오프를 염두에 두고 우선순위를 정해본다. 이를 통해 고민해본 결과 내 행복, 즉 성공의 정의는 정신적·시간적·물질적 여유로움을 통한 성장이라고 하겠다. 과연 나는 정신적·시간적·물질적 여유로움을 통해 성장을 이루고 있는가?

누군가에게 부유함이 성공을 뜻한다면 수입, 저축 등이 성공 지표가 될 수 있겠고, 명예가 성공이라면 직급, 업적, 수상 경력 등이, 건강이 성공이라면 몸 상태나 운동 횟수 등을 이용해 성공을 수치화할 수 있을 것이다. 나름의 지표가 있다면 남의 기준에 흔들리지 않고 내가 가는 길에 대한 확신을 가지고 후회 없는 결정들을 내릴 수 있을 것이다. 나의 경우 정신적·시간적·물질적 여유로움을 통한 성장을 측정하기 위해 ① 취미 활동 참여도와 ② 이로 인한 결과물, ③ 자연을 즐기며 생기는 만족감, ④ 여행 등 낯선 경험을 통한 새로운 배움, ⑤ 사랑하는 사람들과 시간을 보냄으로써 얻는 만족도 그리고 ⑥ 정기적인 운동과 좋은 식습관을 통한 건강 등을 지표로 삼을 수 있을 것이다(각종 지자체나 연구에서 객관적인 행복 측정 지표 자료를 제공하므로 이를 참고해도 좋을 듯하다). 그래서 이 지표 중에 혹시라도 부족한 요소가 있다면, 그 부분을 발전시켜 나가는 것이다. 멋지게 비상하는 듯 보이는 주변인들의 지표에는 관심을 두지 말자. 그들은 그들의 성공을, 나는 나의 성공을 구축해 나가는 것이라 생각하자. 삶은 우리가 생각하는 것보다 훨씬 복잡하고 다양하고 길다. 프로덕트 디자인의 성공은 디자인 자체의 좋고 나쁨보다 수치화된 지표가 더 확실하게 증명해주는 것처럼 나의 삶, 나의 성공, 나의 행복의 디자인 역시 주관적인 지표를 통해 증명해내면 그만인 것이다.

한국과 같은 초경쟁사회에서는 모든 부분에서 '모범 답안'이 존재한다. 그리고 언제나 완벽하기를 요구한다. 그러나 완벽에 대한 강박의 끝은 언제나 자책과 우울 그리고 번아웃일 뿐이다. 한번은 아주 중요한 미팅을 앞두고 며칠 전부터 목이 쉴 때까지 발표 연습을 한 적이 있다. 연습을 하면 할수록 자신감이 생겼고 잘할 수 있으리란 확신도 있었다. 그러나 정작 발표 당일이 되자 아침부터 몸 상태가 좋지 않고 집중하기가 힘들었다. 결국 발표를 완전 망쳐버렸다. '도대체 왜 그랬을까… 초보자도 아니고 그렇게 멍청하게 발표하다니! 실패를 통해 발전하긴 개뿔!' 극도의 스트레스에

국회미래연구원이 제공하는 '대한민국 행복지도'

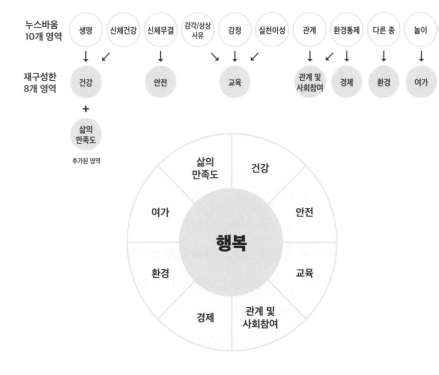

누스바움 10개 영역	생명	신체건강	신체무결	감각/상상 사유	감정	실천이성	관계	환경통제	다른 종	놀이

재구성한 8개 영역

| 건강 | 안전 | 교육 | 관계 및 사회참여 | 경제 | 환경 | 여가 |

+
삶의 만족도

추가된 영역

행복
- 삶의 만족도
- 건강
- 안전
- 교육
- 관계 및 사회참여
- 경제
- 환경
- 여가

건강	0.338
안전	0.150
환경	0.100
경제	0.168
교육	0.098
관계 및 사회참여	0.080
여가	0.056

아마르티아 센(Amartya Sen)의 역량이론(capability theory)을 바탕으로
마사 누스바움(Martha Nussbaum)이 제시한 10개 행복 영역을 국내 실정에 맞게
7개 항목으로 간추렸다. 49명의 전문가 응답자 중 일관성이 있는 40명의 응답 결과를
분석했을 때, 가장 중요한 행복의 조건은 건강, 경제, 안전순이었다.

시달리며 사흘 밤을 꼬박 새웠다. 잠을 자려고 눈을 감으면 내 바보 같던 모습이 밤새 머릿속으로 재생되었다. 사흘 뒤 운전을 하다가 정지 신호에 정차했는데 문득 이런 생각이 들었다. 만약에 내가 가장 아끼는 친구나 가족, 사랑하는 사람이 비슷한 상황에 처해 우울해하는 모습을 본다면 나는 뭐라고 말할까. 절대 그들에게 "왜 그것밖에 못하니?"라는 가시 돋힌 말을 하지 않을 것이었다. 무조건 그들의 편이 되어서 진심 어린 위로를 했을 것이다. 그들이 누구보다 열심히 노력한 것을 바로 곁에서 지켜보았기 때문이다. 지금 이 순간 그런 위로가 필요한 사람은 바로 나 자신이었다. 나 자신이 누구보다 열심히 노력했다는 것을 알았고, 더 잘해낼 수 있었다는 사실도 알고 있었다. 그렇게 나는 대낮에 뜬금없는 사거리 정지 신호 앞에서 다짐했다. 나를 소중히 여기고, 나를 믿고, 나에게 친절해지겠다고. 신기하게도, 그날부터는 꿀잠을 잘 수 있었다.

나 자신에게 친절해지는 것이야말로 나를 위하는 삶의 첫걸음이다. 사회가 숨 막힐 정도로 나를 옥죄는 와중에도 나를 믿고 소중히 여긴다면 주위의 파도에 휩쓸리지 않고 내가 디자인한 인생을 굳건히 살아낼 힘이 생길 것이다. 때로는 내 인생이 내가 생각한 방향대로 흐르지 않을 수도 있다. 내가 설계한 것과는 다른 결과물이 나와 당황할 수도 있다. '만사모'에서 출발한 내 인생 역시 마찬가지였다. 친구들과 어울리며 공책에 낙서하면서 그림을 그리기 시작했고, 일러스트레이터가 되고 싶었다가, 결국은 샌디에이고라는 생뚱맞은 도시도 날아와 테크 회사의 보안 관련 팀에서 프로덕트 디자이너로 일하고 있지 않은가. 그랬던 것이 뜻밖에도 현재는 같은 팀에서 일러스트레이션 관련 프로젝트를 주도하고 있다. 마치 다음 버전의 디딤돌이 되어주었던 프로토타입의 실패 과정처럼, 과거의 내 열정과 내 실패의 경험은 지금 진행하는 프로젝트에 큰 밑거름이 되어주고 있다. 이후에 나는 어떤 사람이 될까. 나는 계속 성장을 이어 나갈 수 있을까? 행복한 사람이 될 수 있을까? 내 성공의 지표를 충족하는 삶을 살게 될까? 그러나 내가 언제 어디서 어떻게 살고 있든, 디자이너로 살든 백수로 살든 이것만큼은 확실하다. 나는 그 순간에도 문제를 해결하고 있을 것이다. 폭풍 같은 직장 생활과 태풍 같은 경쟁의 속도를 견디며 오늘도 자신에게 주어진 문제를 해결해 나가고 있을 나의 동료 디자이너들에게 존경과 격려의 박수를 보낸다.

5장.

샌디에이고의
행복한 디자이너들

"수동적 경험에 집중해야 할 때"

앤드루 퍼스텐버거

인튜이트의 디자인 수석 디렉터

**"Designers will need to focus more on
the inclusion of passive experiences."**

Andrew Firstenberger

Senior Director of Design at Intuit

Q: What brought you to live in San Diego? (What makes San Diego special from other cities?)

A: The short answer is "the waves are good". I moved to California with the intent of living in Los Angeles. But within minutes of arriving my partner and I realized it was not a fit. The bustle, air-quality and traffic simply weren't what we were looking for. Two days after arriving in LA, we visited a friend in San Diego and immediately enjoyed the laid back beach culture, cleaner air and general slowed-down-ness vs the Los Angeles area.

Q: How did you come across your current career path?

A: I come from a family of creatives. Growing up surrounded by opera singers, painters, writers and artists had a big influence on how I studied and ultimately developed marketable skills. When I was in high school I turned my doodles into a business making fliers, apparel and logos for friends, family and small businesses. I was also pulled into an advanced placement art program which allowed me to enter a painting competition and ultimately afforded me a scholarship

샌디에이고에 정착하게 된 계기가 있나? 다른 도시에는 없는 샌디에이고만의 특별한 매력은 무엇인가?

간단히 대답하자면 '파도가 좋으니까.' 처음에는 로스앤젤레스에서 살 생각으로 캘리포니아에 왔다. 하지만 파트너와 도착하자마자 여긴 아니라는 사실을 깨달았다. 혼잡하고, 공기와 교통도 나쁘고 아무튼 우리 기대와 너무 달랐다. LA에 도착하고 이틀 후 샌디에이고에 사는 친구를 만나러 갔다가 느긋한 해변 문화에 반했고 로스앤젤레스 지역과 비교했을 때 공기가 더 깨끗하고 전체적으로 천천히 흘러가는 분위기가 마음에 들었다.

어떤 과정으로 지금의 진로를 선택했는가?

창작가 집안 출신이다. 오페라 가수, 화가, 작가, 예술가에 둘러싸여 자라며 잘 팔리는 기술을 배우고 궁극적으로 개발하는 데 많은 영향을 받았다. 고등학생 시절에는 낙서처럼 그린 그림을 전단지, 의상, 로고로 발전시켜 친구, 가족, 소규모 사업을 대상으로 판매했다. AP 미술 프로그램을 수강하며 미술 대회에 참가할 수 있었고 그러면서 여러 미술 프로그램의 장학금을 받을 수 있었다. 대학으로는 서배너 칼리지 오브 아트 앤 디자인Savannah College of Art to several Art programs. I chose (and loved) the Savannah College of Art & Design where I studied graphic design. This afforded me a broad set of skills that allowed me to progress from work in a small agency, to tech, my first start up and ultimately design for some of the world's largest businesses/ brands.

Q: Briefly explain how your day-to-day work looks like?

A: My work day starts with checking in on my day via my calendar. I review my daily items and address any conflicts that may exist. From there I typically jump into meetings which consist of 1:1's, product reviews, strategy discussions and beyond. I try to group my discussions when possible to achieve a "flow" for my work. Additionally, I try to protect time for focus and prioritize proactively planning for a healthy work-life balance.

Q: Why did you choose to work at the current company and what's the vision you picture through the company?

A: I believe it is important to choose a career that aligns with your values. This is especially true for design. Design is a catalyst for inspiration in most businesses, and without a vested interest and belief in the mission of a business/

& Design을 원해서 선택했고 그곳에서 그래픽 디자인을 공부했다. 그러면서 다양한 기술을 익혔고 그것을 바탕으로 소규모 에이전시에서 시작해 IT업계, 첫 스타트업을 거쳐 최종적으로는 세계적인 대기업·브랜드에서 디자인할 수 있게 되었다.

매일 작업을 하는 방식을 간략히 설명해달라.

캘린더로 하루 일정을 확인하며 업무를 시작한다. 오늘 할 일들을 점검하고 혹시 충돌하는 스케줄이 있으면 해결한다. 이후에는 곧바로 1대 1 미팅, 프로덕트 리뷰, 전략 회의 등에 참여하는 편이다. 가능할 때는 의논한 내용을 그룹화해 일의 '흐름'을 만들려고 한다. 또한 집중 시간을 확보하고 건강한 워라밸을 위해 사전에 계획을 짜는 일을 우선시하려고 노력한다.

현 직장을 선택한 이유와 그곳에서 이루고 싶은 비전이 궁금하다.

자신의 가치관과 맞는 직장을 선택하는 게 중요하다고 생각한다. 디자이너라면 더더욱 그래야 한다. 디자인은 대부분의 사업에 영감을 주는 매개체 아닌가. 기업·고용주의 사명에 관심이나 믿음이 없다면 주변 사람들에 영감을 주기 위해 필요한 창의력과 에너지를 끌어내기가 무척 힘들 것이다. 나는 이런 정신으로 커리

employer it would be very challenging to bring the creativity and energy it requires to inspire the people around you. I have used this mindset throughout my career to focus my perspective on not only my employers, but also the projects I work on. It is my hope that by aligning work to my values, that I will be more inspired to do my best work and in turn help those around me do the same.

Q: Have you had any unexpected design problems and how did you solve them?

A: Life is filled with unexpected design problems. Whether it's a menu at a restaurant or an elevator button, I think it's critically important for designers to live the practice of design-thinking. Once an opportunity is addressed to improve, I always start with the customer, by asking: "Who is this for?" and "Do they need it?". In product design, I believe these are some of the most overlooked questions. Often the business need and or product request is driving the design, vs the core benefit to the customer. As a result when reviewing the work of designers, often my first question will be: "Does the customer need this feature?". I believe this mindset will become even more important with the inevitable growth in and around designing experiences that include artificial intelligence, machine learning and automation expressed in conversational or non-conventional UI paradigms.

어를 쌓으며 내 관점을 고용주뿐만 아니라 내가 참여하는 프로젝트에도 집중했다. 가치관에 맞는 일을 함으로써 최고의 결과물을 내놓고자 하는 마음이 생기고 나로 인해 주변 사람들도 똑같이 해낼 수 있게 돕고 싶다.

예상 밖의 디자인 문제에 부딪힌 경험이 있나? 그랬다면 어떻게 문제를 해결했나?

예상할 수 없는 디자인 문제들은 언제나 넘쳐난다. 그것이 레스토랑 메뉴든, 엘리베이터 버튼이든 디자이너는 늘 디자인 사고를 발휘하며 살아야 한다고 생각한다. 문제를 개선할 기회가 생기면 나는 항상 소비자의 관점에서 이런 질문을 던진다. "누구를 위한 디자인인가?", "소비자가 필요로 하는가?" 제품 디자인에서는 이 질문들을 간과하는 경우가 많은 것 같다. 대부분 소비자에게 가는 핵심 이익보다는 사업적 니즈와 제품 요청이 디자인에 더 큰 영향을 미친다. 그래서 디자이너들의 작업물을 검토할 때 나는 이 질문을 가장 먼저 떠올리는 편이다. "고객에게 이 기능이 필요한가?" 앞으로 이런 사고방식이 점점 더 중요해질 것이다. 대화형 혹은 비전통적 UI 패러다임에 표현된 자동화, 인공지능, 머신러닝을 아우르는 디자인 경험이 안팎으로 성장할 수밖에 없을 테니 말이다.

Q: As a designer, what is the most critical value in solving a problem?

A: Delivering ethical design is key to having work and a career you are proud of and as a result is fulfilling. This is why choosing not only employment, but projects that are aligned to your values is so important to a successful career and more importantly work-life balance. In order to have a career that is completely fulfilling it should be emotionally worthwhile, recognition that is appropriate for the time/energy investment and supports a life outside of work that is valued above all else. With these things in place, I believe designers will have their collective values in such a place that they will be able to do their best work.

Q: When did you feel the most achievement in your career?

A: Without a doubt the most rewarding aspects of my career have been the cultivation and development of careers of others. I believe that facilitating growth of those around is also completely necessary to develop a team that is not only high performing, but improving.

Q: What do you see in the future of (product) design?

A: Designers will need to focus more on the inclusion of passive experiences. Mainly what is happening in the

디자이너로서 문제 해결에 가장 중요하게 생각하는 가치가 있다면?

스스로 자랑스러운 일과 커리어를 갖고 만족스러운 결과를 얻으려면 해답은 윤리적인 디자인 전달이다. 그렇기에 직장만이 아니라 프로젝트도 자신의 가치관에 부합하는 것을 선택해야 성공적인 커리어, 더 나아가 워라밸을 성취할 수 있다. 완전한 충족감을 주는 커리어는 감정적으로 가치가 있어야 하며, 시간과 에너지를 투자한 만큼 인정을 받아야 하고, 무엇보다도 업무 외의 삶을 뒷받침해야 한다. 이런 조건이 충족되면 디자이너들은 집단 가치를 공유하는 곳에서 최고의 작업을 할 수 있을 것이다.

이 일을 하면서 언제 가장 큰 성취감을 느꼈는가?

가장 보람을 느낀 일은 당연히 다른 이들의 커리어 육성과 개발이었다. 퍼포먼스가 뛰어난 팀을 넘어 계속 성장하는 팀으로 발전하기 위해서는 반드시 주변의 성장을 도와야 한다고 생각한다.

프로덕트 디자인의 미래는 어떤 모습이라고 생각하는지?

디자이너는 수동적 경험을 포함하는 데 더 집중해야 할 것이다. 소비자가 기대하는 경험을 추론하거나 유추하기 위해서 그 배

background to deduce or infer the experience customers expect. Today this is becoming most obvious in how designers leverage context (data etc) for the purpose of personalization. In the future I believe we emphasis on the choices designers make related to the application of artificial intelligence, machine learning, automation and even mechanical turk in the background to create opportunities for less work for customers and fulfill the ever increasing expectations customers have related to personalization.

Q: Do you have any comments for aspiring designers who want to be happy?

A: First, learn to enjoy and celebrate challenges. It is important to recognize that being happy 100% of the time is not a reasonable expectation. Rather, if you can learn to enjoy the process of a career, including all of the ups and downs, you are more likely to have a collective career that is fulfilling. Second, prioritize your values and wellbeing. Choosing employment that aligns to your values will make work more fun, it also feels easier. Similarly, it's important to recognize that your work is an extension of your life, but it should not consume it. A healthy career powers a healthy life. Taking the time to prioritize a happy life as a part of your career plan is one of the most valuable investments you can make.

경에서 어떤 일이 일어나고 있는지 살펴야 한다는 말이다. 이런 변화는 오늘날 디자이너들이 개인화를 목적으로 콘텍스트(데이터 등)를 활용하는 방식에서 확실히 두드러지고 있다. 미래에는 디자이너가 인공지능, 머신러닝, 자동화, 메커니컬 터크Mechanical Turk°를 활용해 내리는 선택이 중요해질 것이라 믿는다. 고객의 일을 줄여줄 기회를 만들고 개인화와 관련해 날이 갈수록 증가하는 고객의 기대를 충족하리라 본다.

행복하고 싶은 예비 디자이너들에게 한마디 부탁한다.

첫째, 도전을 즐기고 축하하는 법을 배우기를 바란다. 100% 행복한 삶에 대한 기대는 이치에 맞지 않는다는 사실을 인식해야 한다. 그러기보다 커리어를 쌓아가는 과정의 단맛과 쓴맛까지 전부 다 즐길 줄 안다면 전체적으로 만족스러운 커리어를 이루게 될 것이다. 둘째, 자신의 가치관과 웰빙을 우선시했으면 한다. 가치관에 부합하는 직장을 선택하면 일이 더 재미있어지고, 일하기도 쉬워진다. 비슷하게, 일이 삶의 연장선이지만 일이 삶을 집어삼켜서는 안 된다는 사실도 인식할 필요가 있다. 건강한 커리어는 건강한 삶의 원동력이다. 시간을 내서 행복한 삶을 우선순위로 놓고 커리어 플랜을 짜보자. 이보다 가치 있는 투자는 많지 않을 것이다.

°   아마존이 운영하는 클라우드 소싱 기술로, 기업이 인공지능을 개발하기 위해 필요한 자료를 찾아주고 이들 데이터가 어떤 상황에서 필요한 자료인지 라벨링을 진행해준다.

"문제를 해결하는 사람은 누구나 디자이너"

사이프라서스 밴디

BAE 시스템즈°의 UX 디자인 책임

" I think anyone who solves problems is a designer. "

Sypraseuth Vandy

UX Design Lead at BAE Systems

○ 1999년에 설립된 영국의 국방, 정보 보안, 항공 우주 관련 기업이다.

Q: What brought you to live in San Diego? (What makes San Diego special from other cities?)

A: After I graduated from Rochester Institute of Technology in western NY in 2008, I had my heart set on living in the San Francisco Bay area where most of my techy colleagues were heading. I had interviewed with BAE Systems at both their San Diego and San Jose offices, though. San Diego seemed to be the obvious choice after offering a more interesting project, friendlier people, and higher salary (surprisingly!). It was more of me needing to come to accept the decision that I wasn't going to live in the tech mecca of the U.S., but I'm so glad I did choose San Diego! No regrets! Although I am not in SD at the moment, I was a resident for 10+ years, left it for grad school, came back, and left it again to be closer to my in-laws in RI in June of this year, and will be returning fall of 2023!What makes SD so special is the absolute gorgeous scenery that surrounds us, whether the coast or mountain views. There is proximity to the Mexican border, which is 1.5 hour drive to one of the best-kept vineyard secrets, Valle de Guadalupe, not to mention an hour flight to Cabo. We also are in close proximity to LA and Las Vegas. Plus the Design scene is tight-knit, thriving and not overwhelming.

샌디에이고에 정착하게 된 계기가 있나? 다른 도시에는 없는 샌디에이고만의 특별한 매력은 무엇인가?

2008년 뉴욕 서부에 있는 로체스터공과대학을 졸업한 후 기술 쪽 동료들이 대부분 샌프란시스코 베이 지역으로 향하고 있어 나도 그곳에서 살기로 마음먹었다. 하지만 면접은 BAE 시스템스 샌디에이고 지부와 산호세 지부 둘 다 보았다. 샌디에이고가 더 당연한 선택 같았다. 프로젝트가 더 흥미로웠고, 사람들도 더 친절했으며, (놀랍게도) 연봉이 더 높았기 때문이다. 미국 IT의 메카에서 살지 못하게 되었다는 결정을 받아들이기가 쉽지 않았지만 샌디에이고를 선택해서 정말 다행이라고 생각한다! 지금은 샌디에이고에 없지만 10년 넘게 살았고 대학원을 다니며 잠깐 떠났다가 다시 돌아왔다. 올해 6월에 남편 가족들과 가까이 지내기 위해 로드아일랜드로 거처를 옮겼지만 2023년 가을에는 다시 샌디에이고로 돌아갈 예정이다!

샌디에이고만의 특별한 매력은 산과 바다를 가리지 않는 주변의 아름다운 풍경이다. 멕시코 국경과 가까워 최고로 잘 관리된 숨은 포도원인 발레 데 과달루페까지 차로 한 시간 반밖에 걸리지 않고, 카보까지도 비행기로 한 시간 거리다. LA와 라스베이거스와

5장. 샌디에이고의 행복한 디자이너들

Q: How did you come across your current career path?

A: While working my first job as a software engineer at BAE Systems, I felt like I was destined for a career that used more of my creative and people skills. I lacked interaction with the end user and really felt like I was just a code monkey with no understanding of who used the software I was building. I learned of the Masters in Human-Computer Interaction program at Carnegie Mellon University from a teammate who had left BAE Systems to pursue this program. After learning how successful he was in pivoting his career, I decided to go for it as well and instead completed the Carnegie Mellon | Portugal program, which brought me out to Madeira Island, Portugal for 9 months. It was the best decision of my life! After graduation, I worked my way up the UX career ladder in various roles within the financial tech industry (FICO, Intuit TurboTax) from 2012 - 2020. Then landed back at BAE Systems in November 2020 to build their UX capability nearly from the ground up.

도 가깝다. 디자인 업계는 서로 끈끈하게 번성하고 있으며 너무 부담스럽지도 않다.

어떤 과정으로 지금의 진로를 선택했는가?

첫 직장인 BAE 시스템스에서 소프트웨어 엔지니어로 일하는 동안, 내 천직은 창의력과 대인 관계 능력을 더 활용하는 일이라는 느낌을 받았다. 엔드 유저와의 상호작용이 부족했고 내가 만드는 소프트웨어를 사용하는 사람들에 대한 이해 따위 없이 기계처럼 코드만 짜는 사람이 된 기분이었다. 그러다 BAE 시스템스를 그만둔 동료가 카네기멜론대학의 인간-컴퓨터 상호작용 마스터 과정을 밟고 있다는 사실을 알게 되었다. 그 동료가 커리어 전환에 성공했다는 소식을 듣고 나도 도전해보기로 결심했고, 내 경우는 9개월간 포르투갈 마데이라 제도를 떠나 카네기멜론대학 포르투갈 프로그램을 수료했다. 내 인생에서 가장 잘한 결정이었다! 졸업 후 2012~2020년에는 금융 기술 업계에서(FICO, 인튜이트 터보택스) 다양한 역할을 맡으며 UX 커리어를 차근차근 쌓아 나갔다. 그러다 기업의 UX 역량을 바닥부터 구축하는 임무를 맡고 2020년 11월 BAE 시스템스로 돌아왔다.

Q: Briefly explain how your day-to-day work looks like

A: My work day varies depending on the type of projects I am on. Because I work for a defense contractor, projects are dependent on government contracts we win. I'm not always working on a program funded by a contract (which is typically working on UX as a team of 1 in an agile/lean UX process). Sometimes it's internal initiatives such as growing the UX center of excellence, applying UX skills towards an IRaD (Internal R&D projects), creating training curriculum/tech talks, or working on a proposal to win that next contract with UX work secured.

Q: Why did you choose to work at the current company and what's the vision you picture through the company?

A: Working at a defense contractor is extremely different from the commercial world. It's much slower with a lot of high security involved, so we aren't always able to work with cutting edge tools or have access to end users as freely as many other industries. I chose to re-join BAE Systems to take on this challenge of bringing cultural change and formalizing/growing the UX discipline. Although many program leaders understand the value of UX and want to include it in their process, there is a lot that needs to take place in order to fund the activities associated with UX research and design since our San Diego office has primarily won contracts due to our

매일 작업을 하는 방식을 간략히 설명해달라.

일과는 진행 중인 프로젝트 유형에 따라 다르다. 방산업체에서는 우리 회사가 딴 정부 계약이 프로젝트를 결정하기 때문이다. 그렇다고 계약으로 자금을 지원받은 프로그램(대부분 애자일/린 UX 프로세스에서 1인 팀으로 UX 작업을 한다)에만 참여하지는 않는다. 때로는 회사 내부 계획으로 UX 전문가 조직(CoE)을 성장시키고, IRaD(내부 R&D 프로젝트)에 UX 스킬을 적용하고, 교육 커리큘럼·테크토크를 준비하는 것과 같은 일을 하며 UX 작업이 보장된 다음 계약을 따기 위한 제안서도 작성한다.

현 직장을 선택한 이유와 그곳에서 이루고 싶은 비전이 궁금하다.

방산업체의 업무는 상업 세계와 극명하게 다르다. 훨씬 느리고 고도의 보안이 필요해 많은 산업처럼 최첨단 도구를 자유롭게 사용하지 못하고 엔드 유저에게도 자유롭게 다가가지 못한다. 나는 사내 문화를 바꾸고 UX 규범의 공식화·성장을 이끄는 도전을 받아들여 BAE 시스템스로 돌아가겠다는 결정을 내렸다. UX의 가치를 이해하고 UX를 작업에 포함하려는 프로그램 리더가 많지만 UX 리서치와 디자인 관련 활동에 자금을 지원하기 위해서는 해야 할 일이 많다. 내가 있는 샌디에이고 지부는 대부분 소프트웨어 엔지니어링 능력으로 계약을 따냈기 때문이다. 강력한 지지, 상부의 지원, 교육, 인내심이 필요하고 느리고 힘든 싸움이 되겠지만 조금

software engineering capabilities. It is a slow up-hill battle that requires advocacy, leadership support, training, and patience but is so rewarding to see the tides starting to change.I also chose to work at BAE Systems because of the true work-life balance. I recalled having every other Friday off when I was first at the company and it is one of the best ways I've found to reset. Many of us work a 9/80 schedule, meaning 80 hours worked across 9 days. I find that when the entire company is off together, we don't create unrealistic expectations of what work needs to be done right before anyone takes personal time off. It's the best thing when you need a day to schedule appointments or run errands without having to plan around kids or eating up weekend time. Additionally, hours are all accounted for via a "charging" model where program funds or overhead budgets are charged so it's unlikely you will work past 80 hours unless approved.If we reference Nielsen Norman Group's UX Stages of Maturing, I envision BAE Systems maturing its UX from the Emergent stage to Structured within 2-3 years.

Q: Have you had any unexpected design problems and how did you solve them?

A: This is a tough one! Lots of unexpected design problems have come up. Here are a few that I will summarize:

[Accessibility, visual design, branding, marketing] Trying to appease leadership and the business while being true to

씩 변화가 일어나는 모습을 보면 무척이나 뿌듯하다.

BAE 시스템스를 선택한 이유에는 진정한 워라밸도 있다. 처음 이 회사를 다녔을 때 격주로 금요일에 쉬었는데 리셋에 그만한 방법이 없더라. 우리 회사는 거의 모든 직원이 9/80 스케줄로 일한다. 9일 동안 80시간을 일한다는 뜻이다. 전 직원이 다 같이 회사에 나오지 않으니 개인적으로 쉬려면 직전까지 일을 끝내야 한다는 비현실적인 기대도 생기지 않는다. 아이들 스케줄을 피해 억지로 시간을 내거나 주말을 다 바치지 않아도 약속을 잡거나 볼일을 볼 수 있는 날이 필요할 때 참 좋은 제도다. 그리고 프로그램 자금이나 간접비가 청구되는 '비용 청구' 모델을 통해 모든 근무 시간을 계산하기 때문에 승인을 받지 않는 한 80시간 이상 일할 일이 없다.

닐슨 노먼 그룹의 UX 성숙도 단계를 참고한다면 2~3년 안에 BAE 시스템스의 UX 성숙도는 출현(Emergent) 단계에서 구조화(Structured) 단계로 넘어갈 것이라 예상한다.

예상 밖의 디자인 문제에 부딪힌 경험이 있나? 그랬다면 어떻게 문제를 해결했나?

어려운 질문이다! 예상 밖에 발생한 디자인 문제는 많다. 몇 가지를 요약해 보면:

- [접근성, 시각디자인, 브랜딩, 마케팅] 임원진과 기업을 만

our end users (e.g., designing for accessibility). Without getting into specifics of the product, we were intending to make our landing page accessible for our visually-impaired customers but our top choice in using the highest color-contrasted theming would potentially put our revenue at risk. It would also mute our branding a bit. Our solution was to provide a toggle button for those who needed the more accessible view to still allow for the majority of our customers to view the traditional, high-performing landing page.

[Branding] While working with an acquired company, we needed to create a blended experience of the two brands. It's always political which to feature more prominently than the other, so a lot of tiptoeing of showing designs needed to be done. Ultimately, decisions were made at the top that were then cascaded to the designers at the bottom, in order to keep any damage control conversations to a minimum. My role though as the design lead was to keep a very close line of communication with our VP who oversaw the entire project and use his guidance to influence our day-to-day communications with the acquired company.

[Interaction Design, Design Systems] I had the task of designing our homegrown Design Systems Components site and explored a variety of ways to lay this out. I collaborated with another designer who had lots of knowledge about the components, though we were starting with a clean slate. We

족시키며 동시에 엔드 유저에 충실하려는 문제이다(예: 장애인을 위한 접근성 디자인). 제품의 구체적인 정보는 언급하지 않겠지만 우리는 시각 장애가 있는 소비자를 위해 접근성이 뛰어난 랜딩 페이지를 만들 계획이었다. 하지만 우리가 1순위로 선택한 고대비 테마를 사용했다가는 자칫 기업의 수익이 위태로워질 위험이 있었다. 우리의 브랜딩 효과도 약화될 수 있었다. 그래서 접근성이 높은 뷰가 필요한 사용자들을 위해 토글 버튼을 넣고 대다수 고객은 예전처럼 퍼포먼스가 뛰어난 랜딩 페이지를 볼 수 있게 하는 방법으로 문제를 해결했다.

- [브랜딩] 인수한 기업과 작업하는 동안 두 브랜드의 경험을 섞어야 했다. 어느 쪽에 더 비중을 두는지 결정하는 문제는 항상 정치적이기 때문에 굉장히 조심스럽게 디자인을 제시했다. 피해 대책 회의를 최소화하기 위해 결국에는 상부에서 결정을 내리고 하부의 디자이너들에게 전달하기로 했다. 나는 리드 디자이너로서 전체 프로젝트를 총괄하는 부사장과 아주 긴밀히 소통하는 역할을 맡았고 매일 그가 내린 지침을 바탕으로 인수한 회사와 커뮤니케이션을 진행했다.

- [인터랙션 디자인, 디자인 시스템] 우리 회사의 자체적인 디자인 시스템 컴포넌트 사이트를 디자인하는 업무를 맡고 다양한 구성 방법을 알아보았다. 컴포넌트 지식이 풍부한 디자이너와 협업을 했지만 우리는 백지에서 시작하고 있었다. 컴포넌트를 곧

both agreed we wanted to avoid showing the component off the bat since we found there was frequent mis-use of the components, where someone would visually scan for the component they thought would be the correct one but the intent was actually different. While we proposed a gallery that did not visualize the component on the front page, this was not well-received by our design lead as it was mentioned that designers are "visual people" and that this was a deal-breaker. It was an interesting design conundrum of trying to solve for accuracy/governance vs. leaning into how our end users typically prefer to consume information, but at the possible expense of incorrect usage. I suppose this supports my response below about empathy being the most critical value in problem solving.

Q: As a designer, what is the most critical value in solving a problem?

A: Empathy. I think anyone who solves problems is a designer. A good designer will think about who's going to use it before they figure out what the solution is and how it's going to work. Lately I've been finding that the trait of empathy is difficult to come by when it's easier to just use your own judgment out of haste before taking the time to develop deep empathy and getting as much context before diving in. It's a great design skill and personal life skill.

바로 보이고 싶지 않다는 데는 우리 둘 다 의견이 일치했다. 컴포넌트를 잘못 사용하는 경우가 많았기 때문이다. 사용자 눈에 올바른 것으로 보인 컴포넌트의 실제 목적이 그와 다른 경우가 있었다. 첫 화면에 컴포넌트가 시각적으로 보이지 않는 갤러리를 제안했을 때 우리 회사의 디자인 리드는 좋은 반응을 보이지 않았다. 디자이너는 '시각적인 사람들'이며 이런 디자인으로는 안 된다는 것이다. 참 흥미로운 디자인 난제였다. 정확성·관리의 측면에서 문제를 해결할 것이냐, 컴포넌트를 부정확하게 사용할 가능성이 있어도 엔드 유저가 보통 선호하는 정보 소비 방식을 받아들일 것이냐. 문제 해결에 있어 가장 중요한 가치가 공감 능력이라는 아래 답변을 뒷받침하는 사례라고 생각한다.

디자이너로서 문제 해결에 가장 중요하게 생각하는 가치가 있다면?

공감 능력. 문제를 해결하면 누구나 디자이너라고 생각한다. 좋은 디자이너는 해결책과 해결 방식을 궁리하기 전에 사용자를 먼저 고려하는 사람이다. 최근 들어 느낀 사실인데 공감 능력을 개발하기가 은근히 어렵더라. 시간을 들여 깊은 공감 능력을 기르고 최대한 많은 맥락을 파악한 후 문제 해결에 뛰어들기보다는 자신의 판단을 성급하게 따르는 쪽이 더 쉽지 않은가. 공감 능력은 디자이너로서도, 한 개인으로서도 꼭 필요한 기술이다.

Q: When did you feel the most achievement in your career?

A: I think it was scaling SD Design Trek, an annual event I founded in 2018 that grew in audience and sponsors year after year. I had started it at Intuit intended to be a community-driven event for the early-career Design community put on by volunteer design leaders. In 2020, we had our biggest in-person event the week before COVID had forced many campus shut-downs. The timing was impeccable! That year we had over 20 sponsors, a 3-day event with a kick-off at UCSD including an alumni keynote speaker, an improv opener, and a showcase of small to medium companies. Then in the remaining two days, we ran two simultaneous treks that allowed our attendees to be immersed in company campuses and learn about their teams, products, and culture. It's something I'm really proud of to this day that I could give back to the Design community using my own design and community-building skills to fulfill a need I always felt was lacking during my early-career days (as both a software engineer and designer).

Q: What do you see in the future of (product) design?

A: I see a lot of automation. I think about how advanced the world of artificial intelligence is, especially what we've been seeing coming out of AI art generators. While I don't think an AI will ever fully replace the role of a product

이 일을 하면서 언제 가장 큰 성취감을 느꼈는가?

2018년 만든 연례 행사인 SD 디자인 트렉이 해마다 관객이 증가하고 스폰서로 규모가 커지며 그런 느낌을 받았던 것 같다. 인튜이트에 다닐 때 자원한 디자인 리드들이 기획한 젊은 디자인 커뮤니티를 위한 커뮤니티 주최 행사로 SD 디자인 트렉을 열기 시작했다. 2020년에 최대 규모로 대면 행사를 개최했는데 코로나19로 캠퍼스들이 대거 폐쇄되기 일주일 전의 일이었다. 얼마나 기가 막힌 타이밍이었는지! 그해 우리는 20개가 넘는 스폰서를 확보했고 동문 기조연설, 즉석 개막식, 중소기업 쇼케이스 등으로 UCSD(캘리포니아대학교 샌디에이고)에서 행사를 시작했다. 남은 이틀 동안 두 개 트렉을 동시에 진행한 덕에 참가자들은 기업 캠퍼스에 몰입해 팀, 제품, 문화를 배울 수 있었다. 나만의 디자인과 커뮤니티 형성 능력을 이용해 내가 커리어를 막 시작하던 시기에(소프트웨어 엔지니어로서, 디자이너로서) 항상 목말라 있던 욕구를 충족하고 디자인 커뮤니티에 보답을 할 수 있었다는 점에 지금까지도 큰 자부심을 느낀다.

프로덕트 디자인의 미래는 어떤 모습이라고 생각하는지?

많은 자동화가 예상된다. 특히 AI 이미지 생성기의 결과물을 보며 인공지능의 세계가 얼마나 발전했는지 생각한다. AI가 프로덕트 디자이너의 역할을 완전히 대체하는 날은 오지 않겠지만 작

5장. 샌디에이고의 행복한 디자이너들

designer, I think we will have several aids that automate our workflow. Our tools are becoming more streamlined. Perhaps our research can start to synthesize itself, but nothing could replace the face-to-face contextual inquiry to establish rapport and get at the vulnerabilities of an end user.

Q: Do you have any comments for aspiring designers who want to be happy?

A: Designers, especially those who aim to climb and get to the FAANGS of the world, can often get sucked into a very competitive atmosphere. I encourage you to get out of your headspace and the LinkedIn world where it's very easy to compare yourself and start feeling inadequate about where you are in your career and what company you represent. As long as you are having fun and feeling mentally stimulated building the product with the people you're surrounded by, then you are where you need to be.

업 흐름을 자동화하는 데는 여러모로 도움이 되리라 본다. 우리가 사용하는 도구는 점점 더 간소화되고 있다. 리서치는 점차 저절로 종합될지 몰라도 라포를 형성하고 엔드 유저의 취약점을 얻는 대면 맥락 인터뷰를 대체할 수 있는 건 없을 것이다.

행복하고 싶은 예비 디자이너들에게 한마디 부탁한다.

사다리를 올라 세계의 FAANGS(페이스북, 애플, 아마존, 넷플릭스, 구글)에 이르려 노력하는 디자이너라면 아무래도 경쟁 분위기에 휩쓸리기 쉽다. 이런 사람들에게는 자신의 머릿속과 링크드인에서 나오라고 말하고 싶다. 그 안에 있으면 스스로 남과 비교하고 자신의 커리어와 회사를 부족하다고 느끼기 시작할 수밖에 없다. 주변 사람들과 제품을 만들며 즐거움을 느끼고 정신적으로 자극을 받는다면 그 직장이 내게 맞는 곳이다.

"사용자, 문제, 디자인의 맥락 안에서만 존재하는 디자인"

엘리자베스 원

메르세데스 벤츠 북미 연구개발 센터의 비주얼 UX 디자이너

"In the ideal world for a designer, design could exist only in the context of user, problem, and design."

Elizabeth Won

Visual UX designer @ Mercedes-Benz
Research & Development North America

Q: What brought you to live in San Diego? (What makes San Diego special from other cities?)

A: I came to San Diego for my current job at Mercedes-Benz Research & Development North America. San Diego is one of the most beautiful cities I've ever lived in. Being close to beautiful beaches is one of the best perks about San Diego. Small towns near the beach have their own characters which are fun to explore. Diversity of the culture, food, and warm hearted people make San Diego feel like home away from home.

Q: How did you come across your current career path?

A: Oh, it is going to be a long story…Are you ready for a few cups of tea? Haha. To make it short, going for a master's program at Carnegie Mellon University helped me to find my passion as a UX Designer. A longer version of the story can be that I've always been interested in graphic design and computers. My background is in textile design and I worked as a wallpaper designer but realized it was not my forte. During my undergrad, I spent a year in New York as an exchange student at Stony Brook University in Long Island, NY, which

샌디에이고에 정착하게 된 계기가 있나? 다른 도시에는 없는 샌디에이고만의 특별한 매력은 무엇인가?

현 직장인 메르세데스 벤츠 북미 연구개발 센터에 취업하며 샌디에이고로 온 케이스다. 지금껏 살아본 곳들 중 샌디에이고만큼 아름다운 도시가 없었다. 샌디에이고의 최대 장점은 아름다운 해변이 가깝다는 것 아닐까. 바다 근처의 작은 마을들은 하나같이 개성이 있어 둘러보기 즐겁다. 다양한 문화와 음식, 인정 많은 사람들 덕분에 샌디에이고에서 고향처럼 편안한 느낌을 받고 있다.

어떤 과정으로 지금의 진로를 선택했는가?

아, 긴 이야기가 될 것 같은데… 차 몇 잔 마실 준비 됐나? 하하. 농담이다. 간단히 말해, 카네기멜론대학에서 석사 과정을 밟으며 UX 디자이너가 되고 싶다는 열정을 키웠다.

길게 설명하자면 원래 그래픽 디자인과 컴퓨터에 관심이 있었다. 텍스타일 디자인을 전공하고 벽지 디자이너로 일했지만 이 일이 나와 최고로 잘 맞는다는 생각은 들지 않았다. 학부 시절 뉴욕 롱아일랜드에 있는 스토니브룩대학교 교환 학생으로 1년간 뉴욕에서 지냈는데, 그때 경험이 내 인생을 바꿨다고 할 수 있다. 미

changed my life. I loved living and studying in the U.S. I went back after a year to my home country and started working. I found myself wanting to go back to the U.S so I applied for graduate school not knowing what I wanted to do exactly. However, one thing for sure I knew was that I wanted to do something different related to visual design or graphic design. The graduate program I attended at Carnegie Mellon University was all about prototyping games and interactive experience with groups of people in a fast-paced environment. It opened my eyes to the world of collaboration and creating interactive digital and physical experience. I grew up playing games and suddenly I was making games with friends who are from all over the world. my skills in art and design can be useful and become alive. Then I was lucky to work on a virtual reality project that introduced the beauty of experimenting with new high technology. The project got the team being invited to Siggraph, Tribeca Film Festival, and other tech conferences, which helped me to see how this new type of experience can help people see and learn. I then found myself being part of Verizon's mixed reality group in New Jersey. I worked with an extremely pleasant, talented, and supportive group of people, especially my manager Craig, who helped me to grow as a UX Designer. As all our lives do, it threw an unexpected curve ball for me and I found a new opportunity at Mercedes-Benz.

국에서 참 즐겁게 생활하고 공부하고 1년 후 고국으로 돌아가 일을 시작했다. 미국에 다시 가고 싶다는 생각으로 정확한 목표도 없이 대학원에 지원서를 넣었다. 하지만 한 가지는 확실히 알았다. 지금까지 하던 일이 아니라 시각디자인이나 그래픽 디자인과 관련 있는 일을 하고 싶었다.

나는 카네기멜론대학에서 대학원을 다니는 내내 여러 그룹의 사람들과 급변하는 환경에서 게임과 인터랙티브 경험 프로토타입을 만들었다. 그러면서 협업으로 디지털·피지컬 인터랙티브 경험을 만들어내는 세계에 눈을 떴다. 게임을 하며 자랐던 내가 어느새 전 세계 각국 출신의 친구들과 게임을 만들고 있었다. 내 예술과 디자인 능력을 활용하고 꽃 피울 수 있었다. 그러다 운 좋게 가상 현실 프로젝트 작업을 하며 새로운 첨단 기술을 시험하는 일의 묘미를 알게 되었다. 그 프로젝트로 팀원들과 시그라프, 트라이베카 영화제, 그 밖의 IT 콘퍼런스에 참가했고 이처럼 새로운 유형의 경험을 통해 사람들이 보고 배울 수 있다는 사실을 깨달았다. 이후에는 뉴저지에 있는 버라이즌의 혼합 현실 그룹에 들어가게 되었다. 매우 유쾌하고, 유능하고, 힘이 되는 사람들과 일했고, 특히 매니저였던 크레이그 덕분에 나는 UX 디자이너로서 성장할 수 있었다. 누구에게나 그렇듯, 인생은 내게 예상치 못한 변화구를 던졌고 메르세데스 벤츠에서 새로운 기회를 잡았다.

Q: Briefly explain how your day-to-day work looks like

A: Every morning, I have stand-up meetings with the team. Depending on the priorities and deadlines, I work on design tasks that include but not limited to: creating wireframes, high fidelity design assets, 3D rendering, animation. After creating the designs, I go into meetings with product managers or developers or stakeholders to walk through the design and have discussions for technical feasibility, acceptance criteria, and next iterations. I update relevant design task tickets with design files, comments, discussion points so that the team can keep up with the progress.

Q: Why did you choose to work at the current company and what's the vision you picture through the company?

A: My vision as a designer is to inspire and help people. What initially got me interested in was not about the brand, or the company. It was actually the job responsibility that heavily focuses on experimenting with new technology and prototyping in the aspect of research and development purposes. When I first found out about the opportunity, it aligned very well with my past experience in game prototyping, VR/AR development and I got excited to see how I can contribute to the automotive world. My unique perspective that I earned from fine art, textile design, and

매일 작업을 하는 방식을 간략히 설명해달라.

매일 아침 팀원들과 스탠드업 미팅을 한다. 우선순위와 마감 일정에 따라 달라지지만 내가 하는 디자인 업무는 대개 와이어프레임, 하이 피델리티 디자인 자산, 3D 렌더링, 애니메이션 만들기 등이다. 디자인을 만든 후에는 프로덕트 매니저나 개발자나 이해관계자와 미팅을 하며 디자인을 검토하고 기술적인 구현 가능성, 인수 기준, 다음 반복 작업에 관해 논의한다. 이후 팀원들도 진척 사항을 파악할 수 있도록 관련 디자인 태스크 티켓에 디자인 파일, 코멘트, 논점을 업데이트한다.

현 직장을 선택한 이유와 그곳에서 이루고 싶은 비전이 궁금하다.

디자이너로서 내 비전은 사람들에게 영감을 주고 사람들을 돕는 것이다. 처음부터 내 관심은 브랜드나 기업에 있지 않았다. 새로운 기술을 시험하고 연구와 개발을 목적으로 프로토타이핑을 한다는 직무에 끌렸다. 이직 기회를 발견하고 보니 게임 프로토타이핑, VR/AR 개발에 참여한 내 이력과 잘 맞아떨어졌고 자동차 업계에 내가 어떤 기여를 할 수 있을지 몹시 궁금해졌다. 예술, 텍스타일 디자인, 게임 제작으로 독창적인 관점을 습득한 덕분에 나는 메르세데스에 특별 채용이 되었다. 시야를 더 넓히고 존재하는 모든 것에서 배우고 더 안전하고 지속 가능한 미래를 위해 더 나은

gaming is what makes me a special addition to Mercedes. I see my responsibility and vision through my company is to guide the team to have a broader perspective, learn from anything and everywhere, and to design better products for a safer and more sustainable future.

Q: Have you had any unexpected design problems and how did you solve them?

A: When working for a huge corporation, it is often the case that a designer gets to be involved in a product that has been worked on with many stakeholders, departments around the globe involved. It means the product has its own history, reflection of the business' interest in the market, and how it evolved with different phases of the design process. In the ideal world for a designer, design could exist only in the context of user, problem, and design. But in the real world, I realized it is critical to acknowledge that design exists in the context of business, its profitability, which inevitably have strong influence on a design product. I deal with design problems that have both design aspects - design elements, iconography, typefaces, interaction patterns, motion graphics, and so on, but also have business aspects. For example, if I want to improve a pop up behavior of an app, I can redesign a new UX pattern with a better looking leaf page or notification toaster. However, it is important to reference back to the corporate's visual design system which helps me to deliver design that aligns with other product experience.

제품들을 디자인하게끔 팀을 이끄는 것이 우리 회사에서 내가 맡은 책임이자 내가 이룰 비전이라고 생각한다.

예상 밖의 디자인 문제에 부딪힌 경험이 있나? 그랬다면 어떻게 문제를 해결했나?

대기업에서는 전 세계의 이해관계자, 부서들이 관련된 제품에 디자이너가 참여하게 되는 경우가 많다. 제품 그 자체에 역사가 있고, 제품이 시장에 대한 기업의 관심을 반영하며 디자인 프로세스의 다양한 단계를 거치며 진화했다는 뜻이다. 디자이너에게 이상적인 세계에서는 사용자, 문제, 디자인의 맥락 안에서만 디자인이 존재한다. 하지만 현실 세계에서는 기업과 기업의 수익이라는 맥락 안에 디자인이 존재한다는 사실을 인정할 필요가 있더라. 그것들이 디자인 제품에 강한 영향을 미칠 수밖에 없다. 나는 디자인 요소, 아이콘그래피, 서체, 상호작용 패턴, 모션 그래픽 같은 디자인 측면의 문제뿐만 아니라 사업적 측면의 문제들도 다룬다. 예를 들어, 어떤 앱의 팝업 행동을 개선하고 싶다면 더 잘 빠진 리프 페이지나 토스트 알림을 갖춘 새로운 UX 패턴을 재디자인 할 수 있다. 하지만 다른 제품 경험과 어울리는 디자인을 제공하도록 기업의 시각디자인 시스템을 참조하는 과정이 필요하다. 더 나아가, 반

Moreover, it is critical to understand the history of the design iterations and needs/wants of stakeholders. Therefore, I'd like to emphasize the power of sharing your design process early on with colleagues/stakeholders in the interest. Many cases, it is more about getting everyone involved on the same page when it comes to making design decisions. Aim to share your design logics, researches, and iteration process will help others understand you better than showing the end result. Also, in a nutshell, learning the background context around the product in many different aspects will help you to navigate when solving design problems.

Q: As a designer, what is the most critical value in solving a problem?

A: Designer's job is to help users' reach their goals easily via various touch points and many forms such as digital, physical, anything in between. This could be an extreme example but I often believe the best design is when it can be understood without a word. Having that notion in the baseline, the most critical value in solving a problem is knowing what the users needs and focus on providing the best possible answers to them. To reach that point, there are many tools and steps that a designer can take. It is also important to know what to prioritize when it comes to providing those answers. Let's say we want to introduce a new feature of our in-car experience on the dashboard. It is

복적 디자인 역사와 이해관계자들의 요구/바람을 이해하는 것도 중요하다. 그래서 관련 동료/이해관계자와 디자인을 초기부터 공유하는 행위의 힘을 강조하고 싶다. 대부분의 경우, 디자인 결정을 내릴 때 모든 관련자가 같은 내용을 이해하는 것이 더 중요하다. 디자인 로직, 리서치, 반복 프로세스를 공유하도록 하자. 그러면 최종 결과만 보여줄 때보다 다른 사람들의 이해도가 높아질 것이다. 한 가지 더 간단히 말하면, 제품의 배경 맥락을 다양한 측면에서 알아두어야 디자인 문제를 해결할 때 길잡이가 되어줄 것이다.

디자이너로서 문제 해결에 가장 중요하게 생각하는 가치가 있다면?

디자이너는 다양한 터치포인트를 통해, 그리고 디지털, 피지컬, 혹은 그 사이의 여러 형태를 통해 사용자가 더 수월하게 목표에 이르도록 돕는 역할을 한다. 극단적인 사례일 수도 있지만, 나는 말로 설명하지 않고 이해시킬 수 있는 디자인이 최고의 디자인이라는 생각을 자주 한다. 그 관념을 기본으로 깔았다면 문제 해결에서 가장 중요한 가치는 사용자의 니즈를 파악하고 사용자에게 최선의 해답을 제시할 줄 아는 것이다. 그 지점에 이르기까지 디자이너가 사용 가능한 도구와 방법은 많다. 해답을 제시할 때는 무엇을 우선순위로 해야 하는지도 알아야 한다. 차량 대시보드의 차내 경험에 새로운 기능을 추가하고 싶다고 해보자. 첫 화면에 띄워

important to ask what is the most important information that needs to be on the first screen. How much of a text, video, image are needed? Do we need sound? Tactile feedback on a steering wheel or not? How do we want to educate the users if they want more information? Are all these designs intuitive for users to understand? Even though it is true that design can't be perfect at a first iteration, at least we can be assured we are on the right track if the user is the center of the experience.

Q: When did you feel the most achievement in your career?

A: I always believe the best is yet to come. There are so many things I want to achieve as a designer. Maybe that is a curse and a blessing at the same time in my life because that desire keeps me going. If I had to choose one, working on an interactive VR live action film called 'Injustice' was one of the most rewarding experience. The project was addressing racial issues in the U.S and it was meaningful as I was able to see the storytelling with virtual reality amplifies the message for people who go through and it creates a huge impact. It was back in 2015 where there were no 360 degree cameras to capture live action footage at once, so there was lots of manual work involved in post production. Looking back, even though it was challenging, I felt joy in experimenting

야 하는 가장 중요한 정보가 무엇인가? 이 질문이 중요하다. 텍스트, 비디오, 이미지의 양은 어느 정도여야 할까? 사운드가 필요한가? 핸들에 촉감 피드백을 넣을까, 말까? 사용자가 추가 정보를 원할 경우 어떤 식으로 교육을 하고 싶은가? 모든 디자인이 사용자의 이해에 직관적인가?

첫 버전에 완벽한 디자인이 나올 수는 없지만 사용자를 경험의 중심에 놓는다면 최소한 올바른 방향으로 가고 있는지는 확실히 알 수 있다.

이 일을 하면서 언제 가장 큰 성취감을 느꼈는가?

최고의 순간은 아직 오지 않았다고 믿는다. 디자이너로서 성취하고 싶은 것들이 정말 많다. 이런 욕심은 내 삶의 저주이지만 축복이기도 하다. 그 덕분에 계속 달리고 있기 때문이다. 가장 보람 있었던 경험을 하나 선택해야 한다면 〈인저스티스〉라는 인터랙티브 VR 라이브 액션 영화를 작업했을 때다. 미국의 인종 문제를 다루는 프로젝트였는데, 가상현실과 함께한 스토리텔링이 경험자들에게 메시지를 증폭하고 큰 영향을 미치는 모습을 볼 수 있어 무척 의미 있었다. 2015년은 라이브 액션 영상을 한 번에 촬영하는 360도 카메라가 없던 시절이라 후반 작업에 수작업이 굉장히 많이 들어갔다. 돌이켜 보면 힘들었지만 내 예술적 창의력을 실험하고 사용하며 기술의 한계와 가능성을 넓히는 즐거움이 있었다. 그 프

and using my artistic creativity that pushed the envelope of technology and its capabilities. Thanks to the project being successful, going to Siggraph, Tribeca Film Festival and other tech conferences, and presenting the experience for people was an eye opening experience. Most of all, I was happy that I was giving inspiration to others. And of course, at my current job at Mercedes-Benz, nothing comes close to the thrill of putting my designs out with the hands of customers.

Q: What do you see in the future of (product) design?

A: It is a big question. Ever since I saw the capability of ChatGPT, I am also the one that thinks Artificial Intelligence can, or in a more scary way to put it, replace humans. In regards to user experience design, it touches lots on psychology, science, and art. And I doubt that A.I. is not yet too advanced to click the dots between those areas at the same time to emphasize users' needs and goals.Maybe they can put words together in vague ways but design requires craftsmanship and attention to detail which I see A.I. generated images lacks and a long way to go.Other than the threat of A.I., I truly believe the future of design, especially in the digital world, and marriage between reality and digital, have so much exciting future to be explored. As a designer who has worked on mixed reality, I cannot wait to see the next step for hardware advancement and content development can bring for our next generations.

로젝트가 성공한 덕에 시그라프, 트라이베카 영화제, 그 외 IT 콘퍼런스에 참석하고 사람들에게 경험을 제공하는 놀라운 경험도 가능했다. 내가 다른 사람들에게 영감을 주고 있다는 사실만으로도 행복했다. 물론 현재 메르세데스 벤츠에서 일하며 내 디자인을 소비자에게 전하는 짜릿함은 무엇도 따라오지 못할 것이다.

프로덕트 디자인의 미래는 어떤 모습이라고 생각하는지?

어려운 질문이다. 챗GPT의 능력을 목격한 후 조금 무섭게 표현하자면 나도 인공지능이 인간을 대체할 수 있겠다고 생각한 사람 중 하나다. 사용자 경험 디자인은 심리학, 과학, 예술을 두루 활용한다. 그런 영역들 사이의 점과 점을 연결하며 동시에 사용자의 니즈와 목표까지 강조할 정도로 A.I.가 발전했느냐 하면 잘 모르겠다.

모호하게 말들을 이어붙일 수야 있겠지만 디자인은 장인 정신을 필요로 하고 세세한 부분까지 주의력을 요한다. A.I.가 만들어낸 이미지에는 그런 것들이 빠져 있고 아직 갈 길이 멀다고 본다. 혼합 현실에 관해 작업을 해온 디자이너로서 하드웨어 발달과 콘텐츠 개발의 다음 단계가 다음 세대에 어떤 미래를 가져다줄지 무척이나 기대가 된다.

Q: Do you have any comments for aspiring designers who want to be happy?

A: Each individual has unique experience and skillset. I believe all of those uniqueness can shine and contribute to finding your own career path to be a designer. There are so many different industries to be part of. My advice to aspiring designers is to try to connect dots you have in your life that makes you feel grow, challenged but most importantly, enjoy life without material things - money or status. We are living in a world where everything is possible with the internet and being virtual but life experience is beyond the screen, so don't be afraid to be out in the world and soak in real life interactions. Don't get frustrated because there is no perfect job but you will get there as long as you keep asking yourself meaningful questions. Lastly, nothing comes first than keeping yourself healthy both mentally and physically.

행복하고 싶은 예비 디자이너들에게 한마디 부탁한다.

저마다 가진 경험과 역량은 세상에 하나밖에 없는 특별한 것이다. 다들 이런 개성을 발휘해 디자이너라는 직업을 이룰 수 있다고 생각한다. 진입할 만한 분야는 굉장히 다양하게 존재한다. 예비 디자이너들에게는 성장 가능성이 보이고 도전 의식을 불러일으키는 삶의 점들을 연결하라고 조언하고 싶다. 하지만 무엇보다도 돈이나 지위 같은 물질적인 요소가 없어도 삶을 즐길 줄 알아야 한다. 현재 우리는 인터넷과 가상현실로 뭐든 가능한 세상을 살고 있지만 삶의 경험은 화면 밖에 있다. 그러니 두려워하지 말고 세상으로 나가 현실의 상호작용에 뛰어들어보자. 완벽한 직무가 없다고 좌절하지 마라. 자신에게 의미 있는 질문을 계속 던지는 한 언젠가는 원하는 바를 이룰 것이다. 마지막으로, 최우선적으로 지켜야 하는 것은 신체 건강과 정신 건강이다.

"고객에게 쉽지 않다면, 디자인을 제대로 하지 않은 것"

마이크 월커스키

아마존의 UX 라이팅 책임자

"If my designs aren't easy for customers to use, then I'm not doing my job correctly."

Mike Walkusky

UX writing lead at Amazon

former content design lead at Oculus/Meta/Facebook

Q: What brought you to live in San Diego? (What makes San Diego special from other cities?)

A: I actually grew up in San Diego. My dad was in the US Navy, and we moved from the Bay Area to San Diego when I was 6 years old because he was stationed on a boat there. He retired from the Navy when I was 10 years old and we ended up staying there.

After going to school at UC Riverside, I decided to move back to San Diego because it's my favorite city in the country. The weather is perfect, the beach is beautiful, and my family and friends are in the area. Also, there's a lot of great food (Korean, Mexican, and lots of other cuisines). San Diego is my favorite city in the United States by far. The only place in the world that I might consider moving to is 제주도 because I love the laidback vibes and Korean food is my favorite. I'd love to be able to eat 김밥, 회덮밥, and 대칭 whenever I want, then walk down to the beach with my family and relax.

샌디에이고에 정착하게 된 계기가 있나? 다른 도시에는 없는 샌디에이고만의 특별한 매력은 무엇인가?

사실 샌디에이고에서 자랐다. 미 해군에 있던 아버지가 샌디에이고 주둔 함정에 배치를 받으며 6살 때 이사를 왔다. 10살 때 아버지가 퇴역한 후에도 샌디에이고를 떠나지 않고 계속 살게 되었다.

UC 리버사이드를 졸업하고 샌디에이고로 돌아가기로 결심했는데 이 도시를 좋아했기 때문이다. 완벽한 날씨와 아름다운 해변이 있지 않은가. 가족과 친구들도 다 이곳에 있고. 맛있는 음식도 많고(한국과 멕시코 요리를 비롯해 다양한 요리를 맛볼 수 있으니까). 아직까지는 미국에서 제일 좋아하는 도시 하면 샌디에이고다. 다른 나라도 포함했을 때 이사를 가볼까 하는 곳은 한국의 제주도다. 한가로운 분위기를 좋아하고 한국 음식이 딱 내 취향이기 때문이다. 원할 때 언제든 김밥, 회덮밥, 대창을 먹고 식사 후 가족과 바닷가에서 산책을 하며 편안한 시간을 보낸다면 참 좋을 것 같다.

5장. 샌디에이고의 행복한 디자이너들

Q: How did you come across your current career path?

A: Before I became a Content Designer, I was the editor-in-chief of EDM.com, which is a dance music news outlet. I traveled the country to cover big events (Coachella, EDC Las Vegas, San Diego Comic Con, etc.), interviewed some of the biggest DJs in the world (Armin van Buuren, Martin Garrix, Steve Aoki, Flume, etc.), and managed a team of writers. It was a fun job at first, but I was working 80 hours a week and it ended up being very stressful. As a writer, I noticed that tech companies were always paying writers better than any other industry. At the time, I lived 10 minutes away from Intuit's TurboTax office in San Diego, and I heard that their writers were getting paid really well and they had a great work-life balance. Unfortunately, I didn't have the tech experience to join Intuit as a Content Designer, so I joined the company as a contractor working in the customer service department. I was answering phones and trying to network with other people at the company during my breaks. I caught a break when I noticed the training material for customer service agents was very poorly written. I wrote completely new training material, and that's what helped me connect with the Content Design Manager at Intuit. He gave me a contract job as a Content Designer, and I've been working in content design ever since (8 years!)

어떤 과정으로 지금의 진로를 선택했는가?

콘텐츠 디자이너가 되기 전에는 댄스뮤직 전문 언론 매체인 EDM닷컴(EDM.com)의 편집장이었다. 전국을 돌아다니며 대규모 행사(코첼라, EDC 라스베이거스, 샌디에이고 코믹콘 등)를 취재했고, 세계에서 제일 잘나가는 DJ들과도 인터뷰를 진행했고(아민 반 뷰렌, 마틴 개릭스, 스티브 아오키, 플룸 등), 기자들로 구성된 팀을 관리했다. 처음에는 재미있었지만 주 80시간씩 일하다 보니 스트레스를 굉장히 많이 받았다. 글을 쓰는 사람으로서 다른 산업보다 IT 업계가 작가에게 돈을 더 많이 준다는 사실을 알게 되었다. 당시 인튜이트의 터보택스 샌디에이고 사무실과 10분 거리에 살고 있었는데 그곳에 소속된 작가들이 돈을 잘 벌고 워라밸도 굉장하다고 들었다. 안타깝게도 IT 쪽 경험이 없어 콘텐츠 디자이너로는 들어가지 못하고 고객 서비스 부서의 계약직으로 입사했다. 전화 업무를 하며 쉬는 시간에는 다른 직원들과 네트워킹을 하려고 노력했다. 그러다 기회가 찾아왔다. 고객 서비스 담당자용 교육 자료의 품질이 너무 형편없다는 사실을 발견한 것이다. 교육 자료를 완전히 새롭게 만든 것을 계기로 인튜이트의 콘텐츠 디자인 매니저와 연결이 되었다. 그에게 계약직 콘텐츠 디자이너 자리를 제안받았고 그때 이후로 쭉 콘텐츠 디자인 일을 하고 있다(8년이나!)

Q: Briefly explain how your day-to-day work looks like

A: Every day is different. The only constant throughout each day is that I partner with my product designer to design experiences. Some days, I have team meetings and 1-on-1 meetings with cross-functional partners like product designers, UX researchers, product managers, software engineers, marketing, data scientists, privacy, and legal. Some days, I have meetings with other content designers on my team. Other days, I have meetings with the Asian & Pacific Islanders Design group, which I'm a lead for.

Q: Why did you choose to work at the current company and what's the vision you picture through the company?

A: I chose to work at Oculus (Meta Quest) because I'm passionate about designing a more accessible and inclusive Metaverse for everyone around the world.

Q: Have you had any unexpected design problems and how did you solve them?

A: Yes, I've had many unexpected design problems. At the end of the day, I typically partner with my product designer and UX researcher to solve any problems and ensure we're delivering a great experience to our customers.

매일 작업을 하는 방식을 간략히 설명해달라.

날마다 다르다. 매일 변하지 않는 것이 있다면 제품 디자이너와의 협업으로 경험을 디자인하는 작업 방식이겠다. 제품 디자이너, UX 리서처, 프로덕트 매니저, 소프트웨어 엔지니어, 데이터 사이언티스트, 프라이버시 전문가, 법조팀 등 다양한 직무의 파트너들과 팀 미팅과 1대 1 미팅을 하고, 우리 팀 콘텐츠 디자이너들과 미팅을 하는 날도 있다. 때로는 내가 이끄는 아시아 & 태평양 디자인 그룹과 미팅을 한다.

현 직장을 선택한 이유와 그곳에서 이루고 싶은 비전이 궁금하다.

오큘러스(메타 퀘스트)를 선택한 이유는 전 세계 모든 사람을 위해 접근성과 포용성이 높은 메타버스를 디자인하고자 하는 열정이 있기 때문이다.

예상 밖의 디자인 문제에 부딪힌 경험이 있나? 그랬다면 어떻게 문제를 해결했나?

예상 밖의 디자인 문제라면 당연히 많이 겪어보았다. 결론을 이야기하자면 제품 디자이너와 UX 리서처와 협력해 문제를 해결하고 우리가 고객에게 훌륭한 경험을 제공하고 있는지 확인한다.

5장. 샌디에이고의 행복한 디자이너들

Q: As a designer, what is the most critical value in solving a problem?

A: The most critical value is focusing on your customer. You always want to make sure that you're solving problems in a way that truly benefits your customer. If my designs aren't easy for customers to use, then I'm not doing my job correctly.

Q: When did you feel the most achievement in your career?

A: I felt the most achievement when I joined Oculus as a content design lead. It felt so awesome to get hired at one of the biggest tech companies in the world to help build the future of virtual reality.

Also, I felt a lot of achievement when I talked at content design conferences and was featured on the Roots Podcast.

Q: What do you see in the future of (product) design?

A: I see a future where there is more diversity in the product design field due to the democratization of design knowledge. This will lead to more inclusive and accessible products that will truly benefit everyone from every walk of life.

디자이너로서 문제 해결에 가장 중요하게 생각하는 가치가 있다면?

가장 중요한 가치는 고객에게 관심을 집중하는 것이 아닐까 한다. 문제를 해결할 때도 고객에게 정말 도움이 되는 방식인지 확인할 필요가 있다. 고객들이 내 디자인을 쉽게 사용하지 못한다면 일을 제대로 하지 않고 있다는 뜻이다.

이 일을 하면서 언제 가장 큰 성취감을 느꼈는가?

가장 큰 성취감을 느낀 건 오큘러스에 수석 콘텐츠 디자이너로 합류했을 때다. 세계적인 IT 대기업에 들어가 가상현실의 미래를 구축하는 데 보탬이 될 수 있다는 게 그렇게 기쁠 수가 없었다.

콘텐츠 디자인 콘퍼런스에서 강연을 하고 팟캐스트 루츠에 출연했을 때도 굉장히 뿌듯했다.

프로덕트 디자인의 미래는 어떤 모습이라고 생각하는지?

디자인 지식의 민주화로 인해 제품 디자인 분야에 다양성이 커지는 미래를 예상한다. 더 높아진 포용성과 접근성으로 계층을 불문하고 모든 사람에게 진정으로 도움을 줄 제품들이 나올 것이다.

Q: Do you have any comments for aspiring designers who want to be happy?

A: Focus on your mental health first and foremost. If you're not happy, you will burn out. Put your health, family, and friends before your work. At the end of the day, you need to care about the people in your life, including yourself.

행복하고 싶은 예비 디자이너들에게 한마디 부탁한다.

무엇보다도 정신 건강에 집중하라. 행복하지 않다면 번아웃이 찾아오기 마련이다. 일보다 건강, 가족, 친구들을 중요하게 생각하자. 결론적으로는 주변 사람들을 아껴야 하고, 여기에는 여러분 자신도 포함된다.